AF292731

Non, l'État ne nous protège plus !

©2022. EDICO
Édition : JDH Éditions
77600 Bussy-Saint-Georges. France
Imprimé par BoD- Books on Demand, Norderstedt, Allemagne

ISBN : 978-2-38127-239-9
Dépôt légal : janvier 2022

Le Code de la propriété intellectuelle n'autorisant, aux termes de l'article L.122-5.2° et 3°a, d'une part, que les copies ou reproductions strictement réservées à l'usage privé du copiste et non destinées à une utilisation collective, et d'autre part, que les analyses et les courtes citations dans un but d'exemple et d'illustration, toute représentation ou reproduction intégrale ou partielle faite sans le consentement de l'auteur ou ses ayants droit ou ayants cause est illicite (art. L. 122-4).

Cette représentation ou reproduction, par quelque procédé que ce soit constituerait une contrefaçon sanctionnée par les articles L. 335-2 et suivants du Code de la propriété intellectuelle.

Simone Wapler

Non, l'État ne nous protège plus !

JDH Éditions
Uppercut

PRÉFACE

Ce pamphlet, écrit durant l'été 2020, a reçu le prix du livre libéral décerné par l'Association pour la liberté économique et le progrès social (ALEPS) fin 2021.
Aujourd'hui, ce pamphlet pourrait être re-titré : *Oui ! L'État vous emmerde…*

Pourtant, la campagne présidentielle débutant, nous voyons tous nos politiciens nous jurer la main sur le cœur qu'ils nous protégeront de tout : des pandémies, des non-vaccinés, du réchauffement climatique, des vilains étrangers, de la concurrence, de l'inflation, du chômage, de la hausse des prix de l'énergie…

« Ceux qui abandonnent une liberté essentielle pour une sécurité minime et temporaire ne méritent ni la liberté ni la sécurité. »

Benjamin Franklin

Dans un régime totalitaire, une minorité s'arroge le droit d'opprimer une majorité. Dans une démocratie respectable, une majorité ne devrait pas pouvoir opprimer une minorité. Une telle démocratie serait totalitaire et tout aussi immorale qu'une dictature.

Pour éviter cette dérive, nous devons absolument limiter le rôle de l'État à la protection de ce qui nous rassemble, c'est-à-dire nos droits naturels, et non pas à la protection de certains contre d'autres ou contre des dangers supposés.

N'oublions pas que la sélection génétique nous a programmés à détecter d'abord les menaces. L'homme préhistorique qui fuyait devant un danger – même si, finalement, il ne s'avérait pas en être – a plus transmis ses gènes que celui qui ignorait les signaux suspects (un buisson qui bouge bizarrement, un champignon inconnu alléchant pour un ventre

vide…). Nous sommes le fruit de cette sélection et la peur
est un instinct primaire. C'est pourquoi le gouvernement par
la peur fonctionne si bien.

Si la liberté a un prix, elle a aussi une récompense : la di-
gnité. Il n'y a pas d'humanisme sans liberté.

8

Simone Wapler

> « Pour remplir les blancs de l'histoire,
> le pamphlet est la forme idéale »
> George Orwell

Ceci est un pamphlet, âmes sensibles, soucieuses de préserver leur bonne conscience, s'abstenir.

Un pamphlet est un texte partisan, de conviction, d'opinion. Ce n'est pas un texte tiède, consensuel, équilibré.

Pourquoi le pamphlet comble-t-il les « *blancs de l'histoire* » selon Orwell ? Parce que lorsque le consensus règne, lorsque tout le monde pense la même chose, personne ne pense plus vraiment. S'il n'y a plus de débat possible, il n'y a plus d'histoire. Reste le pamphlet, l'attaque violente, pour tenter de ranimer le débat. Un électrochoc en quelque sorte.

Ce pamphlet défend une idée impopulaire et ultra minoritaire : l'État d'aujourd'hui ne nous protège plus, il n'est plus à notre service. Par conséquent, il faut arrêter de lui en demander toujours plus, il faut au contraire lui en demander moins et le contraindre à bien faire ce qu'il doit faire.

Voyez ce texte comme une apologie du minarchisme, un plaidoyer pour le retour à un État minimal, juste envers chacun et seulement respectueux du droit naturel.

> « La fin dernière de l'État n'est pas de dominer les hommes, de les retenir par la crainte, de les soumettre à la volonté d'autrui, mais tout au contraire de permettre à chacun, autant que possible, de vivre en sécurité, c'est-à-dire de conserver intact le droit naturel qu'il a de vivre, sans dommage ni pour lui ni pour autrui… »
>
> Spinoza, traité théologico-politique

ÉTAT-NOUNOU

ÊTES-VOUS SÛR QU'IL EST ENCORE À VOS ORDRES ?

Vous êtes convaincu :
- Que l'État vous protège,
- Qu'il ne veut que votre bien,
- Que politiques et fonctionnaires savent mieux que vous ce qui est bon pour vous et ce que vous devez faire en toutes circonstances ?

L'expérience coronavirus permet de recadrer ces illusions

Février 2020 : un virus mortel nous menace, nous sommes en guerre / *la guerre justifie tout.*

Mars 2020 : porter un masque pour se protéger est inutile, voire néfaste / *l'État stratège n'en a plus ou ne sait pas où ils sont. Il envoie ses combattants au front sans munition.*

Avril, mai 2020 : porter un masque est peut-être utile, mais pas n'importe quel masque ! / *la production de masques va être contrôlée par l'État, pas d'amateurisme !*

Juin 2020 : porter un masque, quel qu'il soit, est utile / *l'État ne peut plus le nier, à nos frontières, tout le monde en porte ; le bon peuple commence à le savoir et se dit que même un bricolage efficace à 10 % est mieux que rien qui ne fait jamais que 0 %.*

Juillet 2020 :

porter un masque est obligatoire y compris en plein air ; les contrevenants payent une amende de 135 € / *maintenant qu'on a ces fichus masques sur les bras et que le gros de l'épidémie est passé, il faut bien les écouler et faire rentrer de l'argent dans les caisses.*

L'amende pour infraction est libellée comme suit : « Non-respect d'une mesure d'urgence prescrite en cas de menace sanitaire grave pour prévenir et limiter les conséquences de la menace sur la santé de la population ». On croirait le contrevenant coupable d'un crime de terrorisme biologique.

Toute l'incompétence bureaucratique s'étale dans cette chronologie de l'échec qui se termine, comme d'habitude, par un racket.

L'affaire du masque nous prouve que la protection que l'État dit nous prodiguer est illusoire. Il a laissé sa population démunie, y compris les plus exposés, y compris son propre personnel soignant.

Les faits ?

Il y eut par le passé des stocks de masques, payés par le contribuable, constitués au temps du virus H1N1. Ces stocks ont été dilapidés avec la plus grande insouciance puis sont devenus « périmés » si tant est que ce qualificatif puisse s'appliquer à des tissus non vivants. Pourquoi avoir inscrit en grande pompe dans la Constitution le fameux « principe de précaution » si ce n'est pas pour l'appliquer au sein de l'administration ?

Les Asiatiques – déjà confrontés par le passé à des virus atteignant gravement les voies respiratoires – utilisent des masques de façon routinière. Les masques sont utiles en période initiale d'épidémie, alors que le risque de contamination est le plus élevé. Ils deviennent ensuite moins utiles au fur et à mesure que le virus perd de sa virulence et que l'auto- immunisation de la population progresse.

Dans cette lamentable mascarade, le personnel politique et l'administration n'ont songé qu'à une chose : se protéger de leur propre incurie. Après avoir réagi en retard, en n'assumant jamais leurs erreurs, ils couvrent leurs arrières en exigeant des précautions devenues inadaptées à la situation.

Masques, gel, tests, confinement, l'État a enchaîné les mauvaises décisions comme des perles.

> « Mais ce qui m'a le plus choqué concernant le confinement, c'est qu'on aurait pu éviter qu'il soit généralisé. Si on avait eu des masques. Et qu'on avait en parallèle dépisté en masse. Dans les pays où on a testé en quantité mais jamais confiné, sauf les malades, les porteurs sans symptômes du virus et les personnes fragiles, il y a eu peu de victimes : mi-mai on comptait 256 morts en Corée. 688 au Japon, 3 040 en Suède et 21 à Singapour. À l'heure du bilan, les écarts entre ces pays et la France (27 000 morts au 13 mai) ne se réduiront jamais. »
>
> Professeur Christian Perronne[1]

---

[1] *Y a-t-il une erreur qu'ILS n'ont pas commise*, Albin Michel.

Oui, le bilan de la France dans cette crise sanitaire est mauvais alors que politiciens et fonctionnaires ne cessent de nous vanter notre système de santé que tout le monde nous envie mais que pourtant personne ne copie.

Non, l'État ne nous protège pas, il se protège lui-même, il prétend de nous protéger de risques illusoires ou il tente de nous protéger de risques qu'il a lui-même créés. Ce faisant notre véritable protection – celle à laquelle nous avons droit – n'est plus assurée.

Une véritable protection porterait sur nos droits essentiels : la propriété, la liberté et la résistance à l'oppression. Cette protection, la seule qui soit réellement légitime, s'effiloche :

- La propriété privée est bafouée
- L'insécurité augmente
- La « justice sociale » qui repose sur la lutte des classes remplace la justice sans adjectif, qui est engorgée
- Nos libertés élémentaires sont entravées : liberté de circulation, liberté de travailler, liberté de jouir de notre propriété légitimement acquise.

Bien entendu, toute une propagande dissimule ceci. Nous sommes tellement persuadés que l'État nous protège que nous lui en demandons toujours plus. Ainsi les premiers gilets jaunes se sont retrouvés sur les ronds-points pour protester contre une taxe brutale et arbitraire sur le diesel instaurée par des Parisiens-bobos. Quelques semaines plus tard, le mouvement était repris en main par les syndicats, les fonctionnaires et les partis extrêmes. Après quelques mémorables pillages, les demandes portaient sur plus d'aides publiques et des milliards se sont déversés.

« *Encore plus d'État-nounou !* » supplient ses otages qui semblent irrémédiablement atteints du syndrome de

Stockholm, une étrange bienveillance face à son tortionnaire.

L'ÉTAT SE PROTÈGE D'ABORD LUI-MÊME

Revenons sur le Coronavirus. En mars 2020, nous étions donc tous menacés d'une maladie mortelle. Heureusement, notre État allait nous protéger, contre ce dangereux virus d'abord mais aussi contre tout ce qui en découlerait : le chômage, la faillite, etc.

> « Nous avons en France les meilleurs virologues, les meilleurs épidémiologistes, des spécialistes de grand renom […]
>
> Protéger les plus vulnérables d'abord. C'est la priorité absolue. […]
>
> Nous n'ajouterons pas aux difficultés sanitaires la peur de la faillite pour les entrepreneurs, l'angoisse du chômage et des fins de mois difficiles pour les salariés. Aussi, tout sera mis en œuvre pour protéger nos salariés et pour protéger nos entreprises quoi qu'il en coûte, là aussi. »
>
> Emmanuel Macron, 12 mars 2020

L'humanité est confrontée depuis toujours à des épidémies : la peste, la grippe espagnole, la grippe saisonnière, la tuberculose… Petit à petit, l'humanité a appris la prophylaxie, a développé des vaccins. Le chef de l'État aurait pu rassurer, relativiser. Mais non ! Nous étions en guerre ! Enfin, une drôle de guerre de tranchées, chacun calfeutré chez soi sans aucune arme même défensive. Pour la première fois dans l'Histoire, la décision était prise d'enfermer chez eux des gens en bonne santé.

Notre Président de la République nous a longuement expliqué comment nous laver les mains. Il nous a aussi conseillé de lire des auteurs classiques durant le confinement.

L'État veillerait sur nous, nous promettait-il. Forts de notre système de santé, présenté comme étant l'un des meilleurs au monde et passant pour miraculeusement « gratuit », nous pouvions lire tranquillement les mains propres, à bonne distance de ceux qui nous sont chers.

Reconnaissons que le conseil de lecture était bon. Les auteurs classiques sont en général cartésiens et logiques. Les relire permettait de prendre la mesure de l'incohérence de notre appareil étatique et des nombreuses circulaires, décrets, réglementations dont il accouche à un rythme époustouflant. En plus du Coronavirus, une éruption de Cerfa nous frappait. La France ne travaillait plus mais remplissait des formulaires du style *Ausweiss* pour faire ses emplettes.

Les autorités nous ont d'abord dissuadés de nous protéger avec des masques prétendument inutiles ; elles ont freiné les fabrications artisanales ; puis elles ont estimé que ces masques étaient peut-être utiles et enfin tellement utiles que rendus obligatoires. Le gros de l'épidémie était alors déjà passé.

En contradiction avec toutes ces décisions stériles, le thème de la protection revenait comme une ritournelle dans la communication élyséenne. La simple consultation du site officiel de l'Élysée[2] vous convaincra.

---

[2] https://www.elysee.fr/emmanuel-macron/coronavirus-covid-19

- Face au Coronavirus, mobilisés pour **protéger** les Français.
- Pertes de revenus liées au COVID-19 : voici comment l'État vous **protège**.

…

Pour nos fonctionnaires et politiciens professionnels, l'argent pousse sur les arbres ou bien se fabrique à la Banque centrale européenne dès qu'on lui demande de « *faire tout ce qu'il faut* »[3] ; dès lors, mettre l'économie à l'arrêt en confinant toute une population en bonne santé était selon nos autorités une décision parfaitement fondée pour « *protéger les plus vulnérables* » pour reprendre l'argument macronien. Imaginez-vous une telle réaction de nos ancêtres face à la tuberculose qui fit des ravages jusqu'au début du XXème siècle ou face à la grippe espagnole ? Nous aurions tout simplement arrêté les pendules au XIXème siècle. Notre pays serait sous-développé.

En réalité, malgré cet arrêt imposé de nos activités productives, notre merveilleuse bureaucratie ne nous a pas si bien protégés qu'elle veut bien le proclamer. Du virus d'abord, des conséquences nuisibles de ses mauvaises décisions ensuite.

Le gel hydroalcoolique est rapidement devenu introuvable dès que l'État a voulu en contrôler le marché ; les masques étaient évaporés ou indisponibles aux bons endroits ; 80 % de la population en bonne santé était occupée à remplir des formulaires de déplacement ; les malades qui en temps normal occupaient les lits de réanimation (AVC et accidents cardiaques majoritairement puisque les accidentés de la route étaient moins nombreux du fait du confinement) s'entendaient dire au téléphone de rester chez eux avec un Doliprane. L'État obèse était omniprésent sur tous les fronts, parasitant toute   riposte efficace.

---

[3] *Whatever it takes*, expression devenue historique de Mario Draghi, président de la BCE, lors de la crise de la dette en euros.

Exercice de vaccination contre la désinformation (autre visage de la propagande). Qui a dit ?

1. « Il n'y aura pas d'épidémie en France »
2. « Les risques de propagation du coronavirus sont très faibles »
3. « Les masques ne servent à rien »
4. « Nous n'avons jamais été en rupture [de masques] »

1. Yazdan Yazdanpanah, chef du service des maladies infectieuses et tropicales à l'hôpital Bichat à Paris, expert à l'OMS
2. Agnès Buzyn, ministre de la Santé
3. Sibeth Ndiaye, porte-parole du gouvernement
4. Emmanuel Macron, Président de la République

On nous avait promis des centaines de lits d'hôpitaux militaires. Après 10 jours de décisions, et 10 jours de déploiement, nous avons eu… 30 lits lors du premier confinement.

À défaut de nous protéger, l'appareil étatique s'est bien protégé lui-même et continue de le faire.

Entendez-vous parler d'enquêtes, de limogeages fracassants de fonctionnaires des ARS (Agences régionales de santé), de responsabilité mises en cause dans la disparition du stock stratégique de masques ? Politiciens et fonctionnaires ont-ils fait amende honorable ? Les comités de la cooptation – au sein desquels les luttes d'influence comptent plus que les faits et l'objectivité – ont-ils été remis en cause ? Non.

Certes, quelques plaignants commencent à se manifester : 600 médecins ont porté plainte contre Agnès Buzyn et Édouard Philippe pour « mensonge d'État », le collectif Inter Urgences a déposé une plainte contre X pour « homicide volontaire » et « mise en danger délibérée de la vie d'autrui », quelque 1 500 médecins ont porté plainte pour « impréparation face à une pandémie qui était prévisible ». Mais face au désastre, ces manifestations critiques restent finalement peu suivies. Aucun mouvement de masse ne demande de compte aux décideurs.

Pire encore, tout en niant leur propre imprévoyance, les autorités se sont fait une spécialité de se défausser de toute responsabilité, accablant les chefs d'entreprise d'obligations allant toutes dans le même sens : rendre l'employeur responsable de ce qui pourrait arriver à ses salariés en cas d'infection.

Nous avons quotidiennement droit à de nouvelles mesures aussi inappropriées qu'absurdes. Ainsi, vous devez avancer masqué sur une chaussée déserte mais vous avez le droit de vous entasser à une terrasse bondée de café sans protection. Les chaussettes 3 ans et plus ne sont pas des produits de première nécessité contrairement aux chaussettes 2 ans.

Le 14 juillet 2020, Emmanuel Macron déclare que nous serions prêts pour une seconde vague[4]. Le 27 août 2020, le ministre de la Santé, Olivier Véran annonce 12 000 lits supplémentaires.

En septembre 2020, après une demi-année de « guerre contre le virus », la population en bonne santé de toute la région Sud-Provence-Alpes-Côte d'Azur qui compte plus de deux millions d'habitants, est à nouveau confinée afin de ne pas surcharger ses services hospitaliers, des services déclarés débordés par 125 patients en réanimation et 508 hospitalisés, alors même que le nombre de décès est revenu au plus bas.

Fin octobre 2020, le confinement est reconduit sur l'ensemble de la population. Où sont les dizaines de milliers de

---

[4]   https://www.leparisien.fr/video/video-macron-nous-serons-prets-en-cas-de-deuxieme-vague-14-07-2020-8352654.php

lits supplémentaires vantés, les 100 000 respirateurs commandés fin mai ?

C'est le monde à l'envers : le public doit se mettre au service du service public.

Irresponsables mais jamais coupables

Pour se protéger lui-même et ne pas être tenu responsable de ses erreurs, l'État profite de toute une mécanique légale bien huilée avec le temps. Nous sommes passés de « responsables mais pas coupables » à « irresponsables mais jamais coupables ».

Ainsi, le directeur de la Santé et Agnès Buzyn, ministre de la Santé du début de l'épidémie, sont fonctionnaires. Par conséquent, ils ne sont légalement ni civilement ni pénalement responsables de leurs décisions[5]. Ils bénéficient de la sécurité de l'emploi à vie.

Il existe donc une formidable inégalité de droit : soit vous appartenez à l'appareil étatique et vous êtes intouchable, soit vous êtes de la société civile et tenu pour responsable de vos actes et décisions.

Qui évalue ou sanctionne ces super-citoyens qui appartiennent à l'appareil étatique et politique, cette énarchie qui est au-dessus des lois et des règles qu'elle ne forge que pour les autres ?

---

[5] Article 11 de la loi Le Pors de 1983 et Le Courrier des Stratèges, L'irresponsabilité des fonctionnaires au cœur du naufrage du Coronavirus [A]

Voici ce que dit laconiquement l'article 24 de la constitution : « Le Parlement vote la loi. Il contrôle l'action du Gouvernement. Il évalue les politiques publiques. »

Plus loin, l'article 47-2 énonce que : « La Cour des comptes assiste le Parlement dans le contrôle de l'action du Gouvernement. Elle assiste le Parlement et le Gouvernement dans le contrôle de l'exécution des lois de finances et de l'application des lois de financement de la sécurité sociale ainsi que dans l'évaluation des politiques publiques. »

Le seul organe de contrôle est donc la Cour des comptes qui n'a qu'un pouvoir d'observation. La poussière médiatique retombe vite sur ses rapports qui s'entassent aux oubliettes après quelques couinements des médias subventionnés et un petit temps d'émoi du public. Le parlement – qui compte de nombreux fonctionnaires[6] – n'a en réalité aucun moyen de s'opposer à l'exécutif – qui compte également de nombreux fonctionnaires – s'il enfreint la loi ou prend de mauvaises décisions. Pire, tout ce petit monde se couvre mutuellement.

La constitution légalise ainsi l'irresponsabilité et, plus encore, la corruption[7]. Et lorsque la protection des serviteurs de l'État le requiert, la loi est forgée dans le sens nécessaire.

---

[6] 44% des députés et 43 % des sénateurs en 2013 selon l'IFRAP, près de 40 % en 2017 selon *Le Monde* [(B)] (en incluant les professionnels de la politique qui se déclarent sans autre activité).

[7] Signalons que l'IREF [(C)] a révélé en septembre 2020 que les membres du Conseil constitutionnel s'octroient depuis des décennies des rémunérations et avantages indus.

Muraille réglementaire et autoamnistie de république bananière

Peut-être faut-il rappeler l'affaire du sang contaminé. Au cœur de ce scandale sanitaire, le CNTS (Centre national de transfusion sanguine), des professionnels de la politique qui ont pris la décision de transfuser des malades avec du sang dont ils savaient qu'il était douteux et pouvait transmettre le virus du Sida et l'hépatite C.

Résultat : fin 1991, la France est le pays européen connaissant le plus de personnes contaminées par le virus du Sida en raison d'une transfusion sanguine avec une proportion de 14,5 pour 100 000 habitants, soit 4 à 12 fois plus que les autres pays développés[8].

Les victimes se constituent en association. En 1992, un premier procès en correctionnelle condamne quatre personnes[9]. Le procès en appel met en lumière l'absence de discernement du risque des acteurs de la filière et confirme les manquements de l'État et de ses serviteurs.

Une pétition émanant d'une centaine de scientifiques et de médecins français demande cependant la grâce des quatre responsables sanctionnés considérant que les condamnations vont « à l'encontre des progrès de la médecine, car, par crainte des représailles judiciaires, elles dissuadent les scientifiques d'assumer leurs devoirs et responsabilités ». En

---

[8] Ce taux national est 4 fois plus important qu'en Belgique, 4 fois plus qu'en Italie, 5 fois plus qu'en Espagne, 6 fois plus qu'en Allemagne et 10 à 12 fois plus qu'en Grande-Bretagne. Les responsables de tous ces pays avaient réagi bien plus tôt, dès 1983.
[9] Michel Garetta, directeur du CNTS ; Jean-Pierre Allain, directeur de la recherche de ce même établissement ; Jacques Roux, ancien directeur de la Santé ; Robert Netter ex-directeur du Laboratoire national de Santé.

dépit de la supplique, la Cour de cassation décide de la poursuite de la justice, cette fois pour empoisonnement.

La Cour de Justice de la République entre alors en scène. Pour la première fois au cours de l'histoire de la Cinquième République, des responsables politiques sont poursuivis à la fois pour des « imprudences », des « fautes d'inattention et de négligence », des « manquements aux obligations de prudence et de sécurité » ayant involontairement entraîné de lourdes incapacités physiques ou la mort. Nous retenons notre souffle, y aurait-il enfin sanction ?

Georgina Dufoix (ministre de la Santé) et Laurent Fabius (Premier ministre) sont blanchis. Edmond Hervé (ministre de la Santé) est condamné pour homicide involontaire et dispensé de peine.

Fin de partie ? Pas encore… appel, cassation puis, en 2003, la chambre criminelle de la Cour de cassation déclare un non-lieu général : même si l'affaire du sang contaminé est une *« des plus grandes défaites de la médecine et du service public de la santé »*, la *« justice pénale n'a pas pour vocation de désigner un coupable pour tous les accidents de la vie »*. Onze ans de procédures, beaucoup de bruit mais finalement rien pour les décideurs responsables[10].

« Il apparaît au vu de la prise des décisions et de leur lenteur d'application, que la sous-estimation du risque a été un principe de gouvernement et de fonctionnement de la Haute Administration », pouvait-on lire dans la *Revue juridique de l'Ouest* en 1993

Souvenons-nous qu'en 2018, Emmanuel Macron évoquait la suppression de Cour de Justice de la République. Gageons

---

[10] Heureusement, quelque 5 000 victimes ont reçu des indemnisations, payées à 93 % par les contribuables et à 7 % par les assurances.

que les éventuelles suites judiciaires du coronavirus connaîtront le même enlisement que celles du sang contaminé.

Trente ans plus tard, les mêmes causes produisent les mêmes effets : mauvaise estimation du risque avec une sous-estimation au début et une surestimation à la fin. Mais aussi paralysie bureaucratique. Tout dans la gestion des masques, des gels, puis des tests et enfin des traitements ou vaccins démontre clairement que les autorités se retranchent derrière leurs procédures, normes, réglementations. Une muraille de Cerfa les protège. Le secteur privé est vu comme un ennemi. Les médecins de ville ne doivent pas prescrire ce qu'ils pensent être adapté, les labos privés et vétérinaires ne peuvent tester, les dentistes ne peuvent prélever des échantillons sanguins…

> « La crise du coronavirus a plus touché la France que d'autres pays parce qu'elle était gérée par des personnes, certes bouffies de certitude, mais n'ayant pour la plupart aucune expérience de la gestion de crises sanitaires. Alors qu'il fallait se mettre dans une logique de médecine de guerre, où chaque jour compte, elles ont poursuivi leur train-train quotidien comme si de rien n'était. »

> Professeur Christian Perrone[11]

> « Irresponsabilité et emploi à vie placent en effet nos hauts fonctionnaires (et leurs subordonnés) hors du monde dans lequel vit le reste des Français. Regardant ces derniers se débattre dans des contraintes financières et légales dont ils sont exempts, nos fonctionnaires en conçoivent un sentiment de supériorité qui alimente naturellement leur arrogance. Ainsi s'explique également le très mauvais classement de la France au palmarès de la

---

[11] *Y a-t-il une erreur qu'ILS n'ont pas commise* ? Albin Michel

non-corruption : en l'absence de contrepouvoir et de sanction possible, le seul argument pour faire évoluer un décideur est d'atteindre son intérêt personnel. C'est le résultat logique de la toute-puissance de nos hauts fonctionnaires. »

Didier Picot, *Le Courrier des Stratèges*,[D] 2020

Pour mieux comprendre les subtilités de notre État de droit, souvenez-vous que les députés se sont autoamnistiés — droite et gauche confondues — lors de l'affaire dite Urba Gracco. Là encore, un rafraichissement de mémoire est peut-être utile. En avril 1989 une perquisition révèle au grand jour la pompe à finances du Parti socialiste : de juteuses commissions masquées par de fausses factures dans le cadre d'un racket d'entreprises impliquées dans des marchés publics. Le 21 décembre 1989, l'amnistie de « toutes infractions commises avant le 15 juin 1989 en relation avec le financement direct ou indirect de campagnes électorales ou de partis et de groupements politiques » fut votée majorité et opposition à l'unisson. Quoi d'autre qu'une bonne petite amnistie préventive lorsque le glaive de la justice commence à s'affuter ? Nous touchons là au plus haut degré de corruption[12].

Nos serviteurs de l'État et nos politiciens professionnels ne nous protègent pas mais se protègent eux-mêmes en s'abritant derrière un arsenal législatif les rendant juridiquement irresponsables. Mais au fait, qu'est-ce qu'être responsable ?

---

[12] Dans le classement 2020 de l'indice de perception de la corruption publié par l'ONG Transparency International, la France perd deux places, descendant au 23e rang, derrière l'Uruguay et les Émirats Arabes Unis et juste devant les États-Unis.

La protection des irresponsables plutôt que « Jouer sa peau »

Selon le *Larousse*, la responsabilité est « l'obligation imposée par la loi de réparer le dommage causé à autrui soit par l'inexécution d'une obligation née d'un contrat (responsabilité contractuelle), soit par un acte fautif accompli avec ou sans intention de nuire ou encore par le fait d'une personne, d'une chose ou d'un animal dont on doit répondre ». Pourtant, la loi de la République, comme nous l'avons vu, permet aux politiciens et aux bureaucrates de s'exempter de toute responsabilité. C'est un vice profond de notre démocratie.

Nous ne devrions accepter de déléguer du pouvoir qu'à ceux qui jouent leur peau ; nous devrions nous méfier de ceux qui prétendent mieux que nous savoir ce qui est bon pour nous mais sans s'astreindre à leurs propres préconisations. Dans les faits, la responsabilité tient à trois facteurs :

1. Les décisions prises doivent s'appliquer au décideur lui-même
2. L'intérêt du décideur et de ceux qui l'ont mandaté doivent coïncider
3. Le décideur doit rendre des comptes à ses mandataires

Autrement dit par l'essayiste Nassim Nicolas Taleb[13],

> « … jouer sa peau est surtout une question de justice d'honneur et de sacrifice – toutes choses essentielles pour les êtres humains.
> Érigé en règle, le fait de risquer sa peau atténue les effets des divergences résultant de la civilisation, celles qui existent entre l'action et les paroles qui ne

---

[13] Nassim Nicholas Taleb, *Jouer sa peau*, Les Belles Lettres, 2018

coûtent rien (le baratin), la conséquence et l'intention, la pratique et la théorie, l'expertise et le charlatanisme, le concret et l'abstrait, l'éthique et le juridique, l'authentique et le cosmétique, le marchand et le bureaucrate, l'entrepreneur et le directeur général, la force et le fait de rouler des mécaniques...
La bureaucratie est un mécanisme par lequel une personne est confortablement coupée des conséquences de ses actes ».

Dans le monde politique et bureaucratique, les décideurs sont toujours exposés aux conséquences positives de leurs décisions (ils seront réélus ou promus) mais ils ne sont jamais exposés aux conséquences négatives de leurs décisions (les élus se trouvent un placard doré, un comité quelconque qui les rémunérera grassement ; les fonctionnaires ont la garantie de l'emploi et, au pire, seront mutés).

Lorsque vous savez que vous devrez justifier vos actions, vous y réfléchissez à deux fois pour organiser vos priorités, vous concentrer sur l'essentiel de votre mission, vous confrontez vos idées pour voir si elles tiennent la route. Si vous savez que vous ne serez jamais sanctionné, vous pouvez tenter les expériences les plus farfelues. Vous n'avez aucune incitation à vous inspirer des meilleures pratiques contrairement à ce qui se fait partout ailleurs que ce soit dans l'industrie ou les services. Or, qu'est-ce que la politique et que sont censées fournir les administrations ? Des services publics, certes mais des services dont la production devrait suivre la règle de la généralisation des meilleures pratiques. Pour cela, il faut qu'il y ait concurrence et donc une comparaison possible.

Quiconque a fréquenté l'hôpital public et l'hôpital privé peut se rendre compte de l'écart existant entre les deux structures.

Le délabrement de beaucoup de grands hôpitaux publics est patent : désolation et manque d'entretien le plus élémentaire dans les espaces d'accueil et les chambres, fauteuils éventrés d'où la mousse jaune surgit d'un skaï élimé, linoléum encrassé rebiquant dans les coins, mobilier vétuste dont le formica a connu des jours meilleurs, etc. Autant de nids à microbes donc de foyers de propagation de maladies nosocomiales.

Les hôpitaux privés paraissent par comparaison rutilants et luxueux. Question de moyens ? Allons donc, les hôpitaux privés et les hôpitaux publics facturent la même chose pour les mêmes actes dont les prix sont codifiés par l'Assurance maladie. C'est même parfois moins pour les hôpitaux privés [14], contrairement à ce qu'avancent certains. Mais simplement, dans le cas du privé, un établissement mal entretenu serait immédiatement fermé. Tout le personnel — soignant ou non — le sait, personnel dont le taux d'absentéisme est d'ailleurs très inférieur à celui du public.

Une erreur médicale d'un praticien du privé a des conséquences lourdes sur la police d'assurance de ce médecin qui ne peut s'abriter derrière un service dirigé par un mandarin sanctuarisé. Dans le secteur public, en revanche, une erreur est le plus souvent couverte par la hiérarchie qui est « solidaire ».

Dès qu'il existe une concurrence permettant une comparaison, on peut toucher du droit la différence entre les privilégiés appartenant à la caste des intouchables et le commun des mortels qui doit répondre de ses actes.

Le triste épisode du Coronavirus a mis en évidence que l'État ne nous protège pas mais se protège lui-même. Mais l'État dépense aussi beaucoup d'énergie et de notre argent pour nous protéger de risques imaginaires.

---

[14] En vertu d'un barème dit GHS qui compense le fait que certains hôpitaux privés accueillent moins de patients « lourds » que certains hôpitaux publics

L'ÉTAT NOUS PROTÈGE DE RISQUES IMAGINAIRES

Peur de la deuxième vague d'épidémie, peur pour notre santé, peur du chômage, peur de la faillite, peur du climat, peur de la concurrence, peur de la mondialisation, peur du terrorisme…

Propager la peur est utile à l'État et à ses serviteurs. Si la survie de tous — salariés et chefs d'entreprises, malades et bien-portant, actifs et retraités, mineurs et majeurs… — dépend de lui, l'État peut pleinement s'épanouir et s'étendre.

Le joug de la peur fait accepter l'ingérence dans nos modes de vie. L'angoisse fait passer bien des taxes. L'appât des prestations, des subventions, des prêts gratuits garantis par l'État attire des électeurs. Tous ces dangers imaginaires sont mis à profit pour augmenter le pouvoir de l'État et sa place dans nos vies en sacrifiant la liberté individuelle.

La Terre se réchauffe, et alors ?

Au secours, nous vivons une période de réchauffement climatique ! De grands désordres nous menacent : littoraux inondés, sécheresses, hordes de migrants incontrôlables désertant des régions devenues trop hostiles et que sais-je encore.

Pour nous sauver de ces terribles dangers presque imminents, l'État a dépensé pas moins de 60 Mds€ en 2019. C'est presque la moitié des recettes 2018 de la TVA (129 Mds€) ou plus des trois quarts de l'impôt sur le revenu[15] (70,4

---

[15] Qu'acquitte désormais une minorité puisque la France compte près 38 millions de foyers fiscaux, dont seulement 16,4 millions sont imposables et 21,5 millions ne le sont pas, selon <u>la Direction générale des finances publiques</u> [(E)]

Mds€). Une multitude de taxes et prélèvements divers[16] rentrent sous cette rubrique qui alourdissent considérablement notre facture   fiscale. Influencer le climat de notre planète est très coûteux. Sans compter la défiguration des campagnes par des éoliennes, le massacre de notre industrie automobile avec la prochaine interdiction des véhicules à moteur thermique (à explosion), la subvention aux énergies dites renouvelables.

Pourtant toutes les prévisions du GIEC (groupe intergouvernemental d'experts sur l'évolution du climat) — absolument TOUTES — ont été démenties au fil des dernières décennies, soit un taux d'erreurs de 100 %.

Attention : passage climatosceptique décomplexé et assumé. Âmes sensibles s'abstenir.
Lecteur aventureux, sachez que les idées exposées dans ce qui suit peuvent vous mettre au ban de la société des bien-pensants, vous attirer le profond mépris des lecteurs du Monde et vous faire accuser d'obscurantisme, voire de complotisme.

Non, contrairement à ce qui a été annoncé, la banquise n'a pas disparu en 2013, ni en 2015, ni même en 2016

- Fonte des glaciers sur l'Himalaya : le GIEC reconnaît une prévision peu fondée[17]
- L'observation par satellite montre même qu'au cours de la période 1979-1999, qui est celle de la plus forte hausse supposée de la température, la surface de la banquise a globalement augmenté autour du continent antarctique.

---

[16] Taxes sur l'électricité et les carburants, des malus sur certains véhicules, subventions aux énergies dites renouvelables ou vertes
[17] AFP 2010

- Au Groenland, certaines régions fondent, notamment sur les pourtours, mais la masse de glace augmente au centre de l'île, comme la masse de la plupart des glaciers scandinaves.[18]

Les modèles du GIEC de prédiction des variations de températures moyennes du globe sont pris en défaut année après année. Ils ont prévu un réchauffement 2 à 10 fois supérieur au climat réel observé.

Entre 1998 et 2018, la température moyenne s'est élevée de 0,04°C par décennie alors que les modèles théoriques prévoyaient des augmentations par décennies de 2 à 10 fois supérieures. Durant cette même période, entre 1998 et 2018, un tiers du CO_2 émis depuis le début de l'ère industrielle a été relâché ce qui contredit l'hypothèse selon laquelle ce gaz aurait une influence de premier ordre.

On oublie aussi de nous rappeler qu'un réchauffement s'est déjà produit : l'Optimum du Moyen-Âge. Durant cet Optimum Médiéval, abondamment documenté par les historiens, il faisait plus chaud que de nos jours. L'an mil fut même si chaud que la canicule contribua à alimenter la peur de la fin du monde.

Littéralement, le Groenland décrit par Erik le Rouge signifie « Terre Verte » en danois car cette île était couverte de végétation, d'où sa colonisation par les Vikings entre 985 et 988[19]. Partis initialement à 450, les colons atteindront le

---

[18] Agriculture et environnement, 2004

[19] Certains historiens — sur la foi de de cette phrase « *les gens auraient grande envie de venir dans un pays qui avait un si beau nom* » figurant dans *La Saga d'Erik Le Rouge* — pensent que le Groenland n'était pas si vert et qu'Erik s'était livré à une opération marketing. Toutefois, ce texte du XIIème siècle est largement postérieur à l'arrivée des Vikings et il n'en demeure pas moins que la colonie a prospéré avant de péricliter.

nombre de 5 000. Par la suite la colonie fut touchée par une épidémie vers l'an 1010 mais aussi et surtout par le refroidissement. En effet dès le XIVème siècle, la température baisse. La période chaude se termina vers la fin du XVème siècle pour laisser progressivement place au petit Âge glaciaire qui dura du XVIème au XVIIIème siècle.

Certes nous n'avons pas de relevés de température précis de l'Optimum du Moyen Âge mais nous avons des témoignages : on cultivait l'avoine et l'orge en Islande, il y avait des vignes dans le sud de l'Angleterre. Nous connaissons les dates de vendanges qui étaient précoces. « À l'époque de Saint-Louis, les étés étaient caniculaires et les hivers étaient glacials, c'était il y a à peine 800 ans », rappelle l'astronome Pascal Descamps[20] qui étudie l'influence de la Lune sur le climat. L'Optimum Médiéval fut une période faste, favorable aux cultures. À l'inverse, durant le petit Âge glaciaire, les famines se multiplièrent en Europe et certains historiens établissent une relation de cause à effet entre les successions de mauvaises récoltes qui affamaient le peuple et la Révolution française [21] . Les « modèles » du GIEC ignorent l'Optimum médiéval, négligemment qualifié d'anomalie. Autre épisode plus récent invalidant les modèles du GIEC, entre 1940 et 1970 — période d'intense industrialisation de l'Occident et de reconstruction d'après-guerre — la température terrestre moyenne a diminué alors même que les émissions industrielles de CO_2 décollaient. D'où les inquiétudes des scientifiques concernant le refroidissement planétaire dont se faisait l'écho le *New York Times* en 1961.

---

[20] Responsable du service de calculs astronomiques et de renseignements de l'Observatoire de Paris. Auteur de *24 heures dans la vie des étoiles*.

[21] Pour approfondir ces questions, citons les ouvrages consacrés à l'histoire du climat depuis l'an mil de l'historien Emmanuel Le Roy Ladurie et le livre grand public du scientifique français, François Gervais, ancien rapporteur du GIEC, *L'urgence climatique est un leurre*.(F)

La presse de l'époque commentait avec effroi l'éloignement du Gulf Stream de nos côtes qui nous menaçait d'une mort certaine par refroidissement.

Résumons. Un réchauffement s'est déjà produit, étalé sur plusieurs siècles, d'ampleur similaire à celui que nous connaissons aujourd'hui : l'humanité de l'époque ne s'en portait pas plus mal et même plutôt mieux. Après la Seconde Guerre mondiale, la tendance décennale de température était à la baisse alors même que les émissions de CO_2 étaient intenses. Le CO_2 a donné naissance au « Sixième continent vert »[22], fait mis en évidence par le magazine scientifique *Nature*[23]. Les prévisions du GIEC ne se matérialisent pas.

> *« L'origine anthropique du réchauffement de la planète est (...) une conjecture non prouvée, déduite uniquement de certains modèles climatiques, c'est-à-dire de programmes informatiques complexes, appelés modèles de circulation générale. Au contraire, la littérature scientifique a, mis en évidence l'existence d'une variabilité climatique naturelle que les modèles ne sont pas capables de reproduire, variabilité naturelle de mieux en mieux vérifiée. Cette variabilité naturelle explique une part importante du réchauffement climatique observé depuis 1850. La responsabilité anthropique du changement climatique observée au siècle dernier est donc exagérée de façon injustifiée et les prévisions catastrophiques sont irréalistes. »*
>
> Uberto Crescenti, professeur titulaire de géologie appliquée à l'Université G. d'Annunzio de Chieti

---

[22] Résultat d'une augmentâon des surfaces forestières dans certaines partie du globe qui fait plus que compenser la déforestation de certains pays émergents qui augmentent leurs surfaces agricoles

[23] Zaichun Zhu et al., 2016, « Greening of the Earth and its Drivers » [G] , in Nature Climate Change n° 6, 25 avril 2016

Si le danger climatique est très probablement irréel, le racket fiscal, lui, est bien réel. Pour que ce racket soit « durable », les prébendes sont délibérément orientées vers des objectifs mondiaux et surtout non mesurables.

Fin du passage climatosceptique décomplexé et assumé.
Les lecteurs sensibles peuvent reprendre leur lecture ici.

C'est ainsi qu'au nom de la lutte contre le changement climatique, pleuvent une multitude de taxes, d'obligations, d'interdictions franchouillardes supposées faire reculer les températures planétaires par la réduction de nos seules émissions de CO_2, gaz au demeurent non toxique et vital pour la vie végétale puisqu'indispensable à la photosynthèse.

Pour vous désintoxiquer de la haine du CO_2, contemplez plutôt les hideux portiques écotaxes, voulus par Ségolène Royal, ministre de l'Environnement de 2014 à 2017. Du haut de ces portiques, un scandale à 10 Mds€ vous contemple[24]. Heureusement, leur mise en service avorta grâce à la révolte des Bonnets rouges, ancêtres des Gilets jaunes. Ségolène Royal, politicienne professionnelle en déshérence de mandat, put ensuite couler des jours heureux comme ambassadrice des Pôles arctique et antarctique jusqu'en 2020. Ses agissements dans cette importante fonction font l'objet d'une enquête du Parquet national financier, les médias ayant révélé qu'elle n'avait jamais participé à une réunion de conseil de l'Arctique. Ces portiques écotaxes constituent un magnifique condensé d'irresponsabilité, de climato-idéologie et de corruption.

Passé ce préliminaire, observons que nous avons déjà réduit nos émissions de CO_2. Elles ont culminé à 5 230 millions de tonnes dans les années 1970-1980 (vous vous souvenez, ces

---

[24]   https://www.francetvinfo.fr/economie/transports/ecotaxe/le-scandale-de-l-ecotaxe-un-echec-de-10-milliards-d-euros_2206638.html

années pourtant froides mais durant lesquelles, nous, en France émettions du méchant CO_2 à tout va) pour redescendre à moins de 350 millions de tonnes aujourd'hui, niveau d'avant 1970[25]. Entre 1979 et 1989, la France a mis en service 49 réacteurs nucléaires, puis 10 réacteurs entre 1990 et 2002, assurant ainsi 80 % de notre production électrique sans émission de CO_2. Signalons aussi que cette baisse s'est réalisée dans un contexte de croissance démographique et économique.

Si l'objectif est la réduction des émissions de CO_2, nul besoin de stériliser la population pour limiter les naissances ou de retourner à une économie de subsistance. En revanche, arrêter nos centrales nucléaires est une mauvaise idée.

Au moment même où nous décidons de fermer nos centrales nucléaires, le ruineux *Energiewende* (plan de transition énergétique)[26] est remis en cause par les écologistes teutons. Avec plus de 20 % d'électricité due aux énergies renouvelables (ENR) affichée, l'Allemagne est une bonne élève verte. Enfin, théoriquement car, en pratique, pour s'alimenter en énergie, les Allemands brûlent massivement du charbon et du gaz dans leurs centrales thermiques et importent de l'électricité nucléaire (de France). Compte tenu de l'arrêt des centrales nucléaires françaises et de l'inefficacité du solaire et de l'éolien, la facture risque de gonfler encore pour nos voisins. C'est pourquoi, une partie des écologistes d'Outre-Rhin préconisent désormais de retourner au nucléaire. Même son de cloche au Royaume-Uni[27].

---

[25] Le lecteur curieux pourra consulter les graphes de Our World in Data, <u>Annual CO_2 Emissions</u> [H]

[26] L'institut économique de Düsseldorf (Düsseldorf Institute for Competition Economics ou DICE) estime le coût de l'*Energiewende* jusqu'en 2025 à 520 Mds€. Le ministre allemand de l'Énergie Peter Altmaier (CDU) a même évoqué 1 000 Mds€

[27] <u>Quand l'urgence climatique invite les écologistes anti-nucléaire à revoir leurs priorités</u>, [I] L'EnerGeek

Nos écolos-pastèques[28] tricolores, eux, s'en tiennent à leur dogmatisme : le nucléaire c'est mal ; la décroissance, c'est bien.

Le socialisme de Rousseau peut se résumer à : *l'Homme[29] est naturellement bon, la société le corrompt.*
Le socialisme écologique peut se résumer à : *la Nature est naturellement bonne, l'Homme la corrompt.*

D'où la récente invention d'un crime écologique : l'écocide. Peu après sa nomination, le dernier ministre de la Justice en date, Dupond-Moretti, tempérait cependant ne parlait plus que de délit « j'entends porter un délit qui réprimera les atteintes à l'air au sol, à l'eau »[30]. Mais les députés-pastèques ne désarment pas pour autant « nous étudierons la possibilité d'intégrer *"l'écocide"* en droit français, dans le respect de nos principes fondamentaux », insiste la députée LReM Naïma Moutchou.

La boucle est bouclée. Pour les écolos l'État doit protéger leurs idées fantasmées de la Nature *contre* l'Homme. Comme si l'Homme ne faisait pas partie de la Nature… C'est ainsi que l'État prétend nous protéger contre un risque climatique   mondial en nous rackettant (taxe carbone, taxe diesel, pastille verte…), en entravant notre circulation (interdiction prochaine des moteurs à explosion), en polluant notre environnement (implantation d'éoliennes, coûteuses intermittentes de l'énergie).

---

[28] Vert dehors, rouge dedans
[29] Manifestation délibérée de Rébellion-Exclusion : l'auteur refuse résolument d'utiliser l'écriture inclusive
[30] « Un délit d'atteinte à l'environnement plutôt que le crime d'écocide » (J)

Nous protéger contre nos mauvais penchants

L'État a décidé de nous protéger aussi contre les risques d'alcoolisme et de tabagisme et, plus récemment, contre les risques d'obésité. On parle souvent d'État providence, entité capable de donner quelque chose contre rien, mais il se double d'un État nounou, monstre tentaculaire, omniprésent, bienveillant chargé de nous protéger contre nous-mêmes.

Vous avez la dent sucrée ? Le Nutella ne vous déplaît pas, de temps en temps, vous vous permettez un Coca-Cola, vous allez parfois au McDo sans raser les murs et même vous ne rechignez pas occasionnellement à un Pastis ou un petit armagnac… C'est très maaaaaaal et l'État nounou va vous punir. Car passé le discours anti-malbouffe infantilisant dont on nous gave, nous voilà contraints de digérer une multiplication de taxes sournoises. Leur but : nous protéger contre les effets malfaisants de la malbouffe.

Enfin, surtout taxer. Wikipédia, véritable baromètre du consensus sur un sujet, nous l'explique :

> « Une taxe soda ou sugar taxe est une taxe visant les boissons sucrées dans le but de favoriser la baisse de la consommation de boissons sucrées. La consommation de soda ou de boissons sucrées apportant des calories vides est en effet considérée comme source de l'accroissement de maladies telles que l'obésité »

Dans votre vie normale de créature ordinaire, lorsque vous prenez une décision et que vous agissez, vous mesurez ensuite si ce que vous avez fait est efficace ou non. C'est encore un des aspects du principe simple consistant à « jouer sa peau ».

Lorsqu'il s'agit de l'État, ce bilan n'est pourtant jamais dressé. D'ailleurs lorsque par hasard, on découvre que le bilan est catastrophique ce n'est jamais parce que la décision était mauvaise. C'est un « manque de moyens », on n'en a pas fait assez et il faut en faire encore plus.

Ainsi, pour la taxe sur les boissons sucrées instaurée en 2012, on pourrait décider de mesurer si la fréquence des pathologies[31] associées à leur surconsommation baissait depuis huit ans. Moins subtilement, on pourrait simplement regarder s'il s'en vendait moins. Détrompez-vous !

> « Chez nous, on ne sait pas si la consommation baisse, en revanche, on sait que certains industriels ont trouvé la parade. Coca-Cola, par exemple, réduit la taille de ses bouteilles en les vendant au même prix. Cela compense le coût de la taxe mais ne fait pas baisser le taux de sucre. Regardez bien quand vous allez faire vos courses. »
>
> France info [(K)]

Classiquement, pour contrer la riposte des fabricants, l'État a trouvé la parade à la parade : modifier la loi en la compliquant.

> « Jusqu'à présent, le taux de la taxe s'élevait à 7,55 euros par hectolitre de boisson, et ce, quelle que fût la quantité de sucres ajoutés. […] Depuis le 1er juillet 2018, plus une boisson est sucrée, plus elle sera taxée, l'idée étant de tenir compte précisément de la quantité de sucre ajouté. »
>
> Le Monde [(L)]

Bien sûr, toujours rien de prévu pour contrôler si cette taxe est efficace.

Cette loi de 2012 n'était qu'un apéritif. En préparation par la ministre de la Transition écologique (si, si, ce job existe),

---

[31] Diabète de type 2, cancer de l'endomètre et cancer du sein.

l'encadrement ou l'interdiction pure et simple des publicités présentant des produits jugés nuisibles pour notre santé ou pour l'environnement. En vrac sont concernés : le Nutella (encore), les chaînes de *fast food*, les voitures à moteur à explosion. Tout ceci pour suivre les recommandations de la grotesque Convention citoyenne pour le climat afin de réduire les « incitations à la surconsommation ».

« Pourquoi s'insurger contre les bonnes intentions à notre égard de notre État nounou », vous demandez-vous peut-être, cher lecteur dubitatif et soupçonnant lire les propos fielleux d'une personne aigrie de n'avoir pas eu le bonheur d'être tirée au sort pour participer à Convention citoyenne pour le climat[32] ?

Il faut nous insurger parce qu'accepter l'État comme arbitre indiscutable de ce qui est bon ou mauvais pour nous nie le principe de notre responsabilité individuelle. Ce n'est pas parce que nous sommes dirigés par des gens irresponsables qu'il faut leur permettre d'agir comme si nous étions tous nous-mêmes irresponsables.

Non, les obèses, les alcooliques et les tabagiques ne sont pas des victimes de multinationales avides de profit. Chacun est libre de s'alimenter comme il le souhaite et personne ne met un pistolet sur la tempe des acheteurs de Nutella ou des clients de McDo. Certaines surconsommations traduisent plutôt un mal-être qu'un mauvais jugement obscurci par les manœuvres perfides de ces multinationales. Ce n'est pas des taxes qui changeront cet état d'esprit.
Ensuite, les publicités sur le cannabis, le LSD, la cocaïne ou la pornographie sont interdites et cela n'empêche pas les dealers spécialisés de toujours trouver des clients pour ces marchandises. Il en sera de même pour le Coca-Cola, le Nutella, ou le Tomato Ketchup.

---

[32] Ni même à la prochaine Assemblée citoyenne pour l'Agriculture dont on attend les conclusions avec le plus grand intérêt.

Enfin, où s'arrêtera ce raisonnement ? Jusqu'où l'État va-t-il fouiller ? Nos assiettes, nos réfrigérateurs, nos poubelles, notre armoire à pharmacie, notre consommation électrique… Et demain ? Le laisserons-nous fouiller dans nos bibliothèques, nos abonnements, nos fichiers informatiques, pourquoi pas dans nos crânes…

Si l'État voulait réellement protéger notre santé, il pourrait utiliser l'Assurance maladie (d'autant plus facilement que hélas, il est assureur en situation de monopole dans ce domaine). L'Assurance maladie pourrait inciter les bons comportements, en proposant par exemple des réductions de cotisations à ceux qui prouveraient leur bonne hygiène de vie en se soumettant volontairement à des examens réguliers. Mais avez-vous remarqué que dans l'esprit de nos dirigeants, seule la taxe protège, la détaxe non ? L'incitation est toujours à coups de gourdin jamais avec des carottes.

En réalité, la guerre contre la malbouffe — sucrée, grasse, salée, industrielle, internationale et que sais-je encore — ou même la guerre contre la surconsommation ne sont qu'un autre aspect du collectivisme qui considère que les comportements individuels sont du ressort de l'État.

Pourquoi accepter que l'État puisse être notre directeur de conscience, notre pédagogue ? L'État n'est pas notre précepteur, il n'est que percepteur. Admettre que nos comportements puissent nous être dictés, c'est admettre que l'État-nounou serait un Dieu, un guide infaillible. Cette croyance, cette foi (car nous confinons là au domaine religieux) mutile puis détruit notre liberté.

N'en déplaise aux constructivistes, nous sommes des individus avec chacun nos aspirations diverses et nos projets ; le rôle de l'État consiste seulement à ce que chacun, poursuivant ses propres desseins, ne nuise pas aux autres « chacuns ». Contrairement à la vision collectiviste et égalitariste, nous ne sommes pas des bestioles indifférenciées, des fourmis d'une fourmilière, des abeilles d'une ruche. D'ailleurs, à propos d'abeilles…

Protéger les abeilles en tuant nos agriculteurs

L'Homme sacrifié pour l'animal, voilà la dernière idée dont nous pouvons constater les nuisances. Exagération ? Pas du tout. Ainsi, notre État s'est mis en tête de sauver les abeilles d'un danger tout aussi imaginaire que celui du climat, quitte à massacrer toute une industrie.

Dans la nature fantasmée par les écologistes, les fleurs des betteraves sont butinables[33] et les traitements des betteraves compromettent la survie des abeilles. Dans la vraie vie naturelle, les agriculteurs emploient des néonicotinoïdes — une variété de pesticide qui ne s'épand pas mais est fixée sur les semences. Les abeilles seraient donc menacées d'extermination par ces « néonics » qui leur sont néfastes. En butinant des betteraves — processus qui n'existe que dans l'imaginaire d'écologistes sous l'emprise de champignons hallucinogènes — les abeilles s'intoxiqueraient. Par conséquent, la pollinisation d'autres espèces végétales et la survie de la vie biologique de la planète entière seraient menacées. Par précaution, le législateur a donc interdit l'utilisation des néonics tueurs d'abeilles[34]. L'État a donc choisi son camp. Il préfère protéger les abeilles d'un risque inexistant pour plaire à un électorat écolo-pastèque quitte à sacrifier des pans entiers de notre agriculture[35] et à augmenter le taux de suicide des agriculteurs.

---

[33] Techniquement, les betteraves sucrières fleurissent — comme les carottes ou les navets — mais ces fleurs ne sont pas butinées et la pollinisation est dite anémophile (dispersion par le vent)

[34] Article 125 de la <u>loi n° 2016-1087 du 8 août 2016 pour la reconquête de la biodiversité, de la nature et des paysages</u> (M)

[35] 46 000 emplois selon le ministère de l'Agriculture et de l'Alimentation

En l'automne de l'an de grâce écologique 2020, deux ans après l'interdiction des pesticides, les betteraves à sucre sont envahies de pucerons verts ; des chutes de rendement de 30 à 50 % sont attendues. La secousse atteint les sucreries ainsi que les transporteurs qui y apportent les betteraves. Les éleveurs utilisent les pulpes pour nourrir leur bétail. Ce sous-produit des sucreries est également déshydraté tout comme la luzerne et il est probable que le traitement de la luzerne seule ne suffise pas à amortir les usines de déshydratation. Ces installations, pour tenter de rester rentables, presseront les agriculteurs de baisser le prix de la luzerne ; si le prix de la luzerne baisse, beaucoup d'agriculteurs renonceront à la cultiver[36]. Or la luzerne, elle, fleurit et les abeilles la butinent comme un mets de choix !

Face à la catastrophe, le gouvernement décide finalement d'autoriser à nouveau les néonics pour les betteraviers jusqu'en 2023. Grosse colère des députés LREM et du groupe Écologie Démocratie Solidarité qui contestent le projet de loi. On jacasse à propos de « comités de suivi », de « circonscrire les betteraves », de la validité constitutionnelle d'inscrire le mot « betterave » dans la loi, d'un plan de recherche public de 20 M€ pour remplacer les néonics…[37]

> « Toutes les idéologies politiques qui ont voulu modifier le monde paysan ont échoué parce que le monde agricole ne peut être géré par des théories, il est régi par la réalité. »
>
> Olivier de Kersauson

Aux dernières nouvelles, un plan de soutien à la filière betterave-sucre est également annoncé. Car, comme nous allons

---

[36] On trouvera une explication détaillée de tous ces circuits dans cet article de Contrepoints « Pour moi, agriculteur, fini la betterave ! » (N)

[37] Néonicotinoïdes : le projet de loi du gouvernement agite la majorité, (O) *Les Echos*

le voir bientôt, l'État prétend nous protéger aussi des catastrophes qu'il a lui-même créées et, pour ce faire, il n'est pas avare de l'argent des autres (celui des contribuables, le nôtre).

Protection contre le réchauffement climatique, contre nos mauvais penchants, contre de prétendues mauvaises pratiques agricoles : ce ne sont que des exemples des risques imaginaires dont ceux qui nous gouvernent prétendent nous protéger. Il en existe une multitude avec toujours la peur comme fil conducteur. Mais place à une autre fausse protection : celle des risques enfantés l'interventionnisme.

L'ÉTAT NOUS PROTÈGE DES RISQUES QU'IL A LUI-MÊME CRÉÉS

Par ses interférences passées, l'État a fait surgir de nombreux malheurs dont il prétend aussi nous protéger. Dans ce cas, l'État agit comme un mafieux qui met le feu à un établissement puis passe voir son tenancier lui demandant de payer s'il veut éviter d'autres incendies à l'avenir. Nous touchons ici clairement au racket.

En détruisant le marché du travail, nos interventionnistes ont incrusté dans notre pays le chômage de masse. Par conséquent, la France est devenue un des pays développés connaissant le plus fort taux de chômage et le plus faible taux de participation au travail au fur et à mesure que se multipliaient les plans étatiques pour conserver, protéger, développer l'emploi. Dans les pays qui nous entourent, le droit du travail ne comporte pas des milliers d'articles[38], les bulletins de paye ne s'étalent pas sur quarante lignes, la durée du travail et le salaire minimum se négocient entre les

---

[38] 11 000 articles et 30 000 textes conventionnés recensés selon *Le Parisien* [(P)]

intéressés (syndicats professionnels et patronaux représentatifs).

Ne pas admettre qu'il y a un lien direct entre durée du travail, compétitivité et chômage revient à nier que quelqu'un qui marche quarante heures par semaine aura plus de chances d'aller plus loin que quelqu'un qui ne marche que trente-cinq heures par semaine. À talent égal, celui qui bosse le plus gagne : c'est vrai à titre individuel et à titre collectif depuis la nuit des temps.

Le travail, comme la richesse, n'est pas un gâteau fini qu'il faudrait se partager. La richesse se crée à force de travail et d'échanges ; le développement des techniques fait qu'il faut de moins en moins de travail pour produire de plus en plus de richesses[39]. C'est ainsi que le niveau de vie augmente. Si vous possédez une édition des œuvres de Malthus, recyclez-la dans votre cheminée pour allumer vos feux. Malthus a tort, et heureusement car sinon nous serions bien plus pauvres et désœuvrés à 7 milliards d'individus sur terre qu'au temps de Sapiens ou Neandertal.

Après avoir démoli la compétitivité française en rigidifiant à l'extrême le marché du travail et en accablant les entreprises d'obligations et d'impôts absurdes — notamment les impôts dits de production[40] — l'État prétend ensuite nous protéger de la méchante concurrence de ceux qui à l'étranger

---

[39] Ainsi, l'agriculture est le secteur qui a fait le plus de gains de productivité depuis la Seconde Guerre mondiale, largement devant l'industrie. La mécanisation, l'usage des engrais, des traitements et des semences sélectionnées ont fait quasiment disparaître les famines pour cause de mauvaises récoltes narguant Malthus.

[40] Impôts pervers portant sur des assiettes différentes du résultat. Ils représentaient en France 109 Mds€, soit plus que les montants additionnés de 23 pays (Allemagne, Espagne, Autriche, Pays-Bas, Belgique, Allemagne, Pologne, Irlande, Portugal, Hongrie, Luxembourg, Roumanie, République tchèque, Slovaquie, Croatie, Slovénie, Chypre, Bulgarie, Finlande, Lettonie, Estonie et Malte).

travaillent plus que nous, produisent mieux que nous, s'organisent mieux que nous et ont moins d'irresponsables qui leur mettent des bâtons dans les roues pour des motifs idéologiques.

Pour nous protéger du chômage, il est interdit de licencier

Dans notre beau pays, plus solidaire que le reste de la terre, les entreprises sont tolérées à condition de proposer des emplois à vie. *« C'est facile, l'État le fait »*, pourrait-on dire pour paraphraser le *« C'est pas cher, c'est l'État qui paie »* de l'ex-président François Hollande.

Le cas Bridgestone est emblématique de cette situation du traitement social du chômage. Ainsi, en septembre 2020, on apprenait que l'usine de pneu de Béthune, employant 863 salariés directs, allait finalement fermer après avoir englouti depuis 2008 plus de 2,3 M€ pour ne pas licencier :

- 620 000 € d'aides régionales
- 1 200 000 € de la communauté d'agglomération
- 500 000 € de l'Europe et 320 000 € de l'État

« La cessation totale et définitive de l'activité de l'usine de Béthune est la seule option qui permettrait de sauvegarder la compétitivité des opérations de Bridgestone en Europe », indique la direction japonaise.

Cris d'orfraie des élus, ministres et ministricules (Xavier Bertrand, Bruno Le Maire, Agnès Pannier-Runacher[41]).

---

[41] Secrétaire d'État auprès du ministre de l'Économie, pour éclairer la lanterne du lecteur distrait qui ignorerait pourquoi il paie cette personne

En tant que contribuable qui met au pot régulièrement dans ce type de désastre, saluons l'honnêteté d'une direction qui pendant la crise sanitaire « n'a touché aucune aide financière particulièrement importante de la part de l'État. L'entreprise n'a pas bénéficié de prêts garantis par l'État pendant le confinement, ni d'autres subventions récentes[42]. » Salauds de Japonais, ils n'ont pas voulu ponctionner en vain les Français sachant que les efforts ne seraient jamais rentables !

Après des décennies de Code du travail finement ciselé au travers de centaines de milliers d'articles, à coups de fiscalité filandreuse, à coups de normes tatillonnes, les industriels ne s'y trompent plus : la désindustrialisation est plus raisonnable que vouloir s'acharner à produire sur le sol français. Les chefs d'entreprise ne gobent plus l'appât des quelques subventions qui leur sont jetées occasionnellement en pâture dans de lamentables tentatives d'enrayer le massacre programmé du secteur privé.

Durant le premier confinement, les syndicats ont obtenu la fermeture de l'usine de Renault à Sandouville et des entrepôts d'Amazon par un jugement en référé invalidé par la suite. Plus tard, lorsque l'État fera miroiter des aides, nul doute que les entrepreneurs non amnésiques se rappelleront ces arrêts d'exploitation obtenus par une procédure à l'arraché mais au mépris des lois.

En France, le train de l'enrichissement de tous par les gains de productivité industrielle a été délibérément mis sur une voie de garage par le dirigisme et le planisme. D'autres pays (Allemagne, Japon, puis pays émergents) ont choisi de continuer à faire rouler ce train que nous avons volontairement immobilisé par choix idéologique. Une idéologie désormais fortement enracinée dans la culture.

---

[42] <u>Bridgestone a-t-elle bénéficié d'aides particulières de l'État ?</u> (Q)

Ainsi, le mammouth de l'Éducation nationale apprend aux petits écoliers français que les ouvriers sont les victimes du capitalisme avide de profits et que l'État est heureusement là pour les protéger. La lecture d'un manuel de sciences économiques et sociales de terminale ES, considéré comme la référence[43], est édifiante. Sur quinze chapitres de ce manuel, aucun ne traite de l'entreprise, vous avez bien lu : aucun. Le premier chapitre s'ouvre sur « Quelles sont les sources possibles de la croissance économique ? Si les facteurs de production, travail et capital, apportent une contribution non négligeable à la croissance, la productivité globale de ces facteurs, le progrès technique ou encore les institutions, jouent un rôle important. La croissance est donc un phénomène complexe qui est loin d'être harmonieux et continu. » La croissance économique n'est donc pas le fruit de l'organisation optimale de l'ensemble des activités humaines. C'est une chose compliquée et il va falloir que l'État s'en occupe beaucoup pour mettre de « l'harmonie » dans tout ça. !

Pendant ce temps, au-delà de nos frontières, les écoliers[44] apprennent que la concurrence est saine, que la loi doit veiller à ce que cette concurrence reste loyale et s'appliquer à tout le monde, que la vraie richesse s'acquiert en cherchant à produire plus et mieux avec moins. C'est pour cela que les pays véritablement prospères ont une industrie solide : c'est d'abord dans ce secteur que les gains de productivité permettent de faire plus et mieux avec moins (de main-d'œuvre, d'énergie, de matières premières). Dans le secteur des services, en revanche, les gains de productivité sont moins faciles à obtenir. Mais dans les deux cas :

> « Celui qui répond le mieux à la demande des consommateurs réalise les profits les plus élevés. En

---

[43] Nathan, collection C.-D. Échaudemaison.

[44] Je ne parle pas de ceux de la Corée du Nord, du Venezuela ou d'autres paradis socialistes

s'attaquant aux profits, l'État sabote délibérément le fonctionnement de l'économie de marché. »

Ludwig von Mises

Hélas, n'avoir jamais travaillé dans le monde concurrentiel et encore moins l'industrie ne dissuade pas nos irresponsables de fourmiller d'idées pour orienter des entrepreneurs déboussolés ou uniquement orientés vers le profit indu.

En France, les constructeurs automobiles se voient fixer leur stratégie par des gens qui ne connaissent rien à leur métier mais s'imaginent que les voitures électriques sont l'alpha et l'oméga d'une planète verte, que les moteurs thermiques doivent disparaître et qu'il suffit de créer un champion européen des batteries. Comme si les dirigeants et les ingénieurs de Fiat, Mercedes, PSA, Renault Nissan, Volkswagen, et autres auraient été incapables d'y penser eux-mêmes. Incroyable suffisance de nos irresponsables de haut niveau.

En France, où le capitalisme de copinage et le capitalisme d'État règnent en maîtres, les industriels font en général le dos rond. On ne mord pas la main qui vous subventionne. Coup de chapeau, cependant, à Carlos Tavares, président du directoire de PSA, qui a récemment eu le courage de dénoncer les chimères des constructivistes écologistes. Sur l'Airbus des batteries : « De grands acteurs comme Bosch ont regardé le dossier et considéré que ce n'était pas rentable. Nous avons étudié le sujet. Le capital initial nécessaire est colossal. ». Sur les objectifs de réduction de CO_2 lors de l'édition 2019 du salon automobile de Genève : « Depuis deux mois, l'industrie automobile européenne a annoncé la suppression de plus de 20 000 postes. La volonté d'imposer la correction de trajectoire de l'industrie a parfaitement réussi ! Veut-on aller plus loin encore ? Très bien ! Les entreprises s'adapteront. Mais cela met en risque les 13 millions de personnes qui travaillent dans notre industrie et cela déstabilisera très certainement nos sociétés européennes ».

Tous les beaux discours de « relocalisation » sont vains tant que les motifs de délocalisation ne seront pas supprimés. Or, les mêmes qui ont incité à délocaliser voudraient aujourd'hui relocaliser sans changer fondamentalement leur cuisine politique : dirigisme, planification, capitalisme de connivence, le tout nappé à la sauce verte, lutte des classes…
Ce constructivisme repose sur une usine à gaz de taxations-subventions qui permet à nos zélés serviteurs de l'État de tout asservir.

TAXES

SUR LES ENTREPRISES

(IS, CVAE, CFE, ETC..)

115 MILLIARDS D'EUROS.

SUBVENTIONS

POUR LES ENTREPRISES

(6000 AIDES DIFFÉRENTES.)

110 MILLIARDS D'EUROS.

www.collectifantigone.fr

Parler de relocaliser tout en nommant François Bayrou Commissaire au plan, c'est comme promettre des soins à des malades en appelant le pontifiant et inepte docteur Diafoirus. D'une façon générale, plus l'État intervient dans un marché plus celui-ci se détraque. Plus il se détraque, plus l'État augmente ses interventions pour nous protéger des dommages qu'il a créés. On le voit pour les masques, le gel, les tests, les prix agricoles, l'emploi et… l'immobilier.

Crise chronique du logement pour cause de démolition du marché

Là aussi, l'idéologie lutte des classes a rongé telle une vilaine mérule les fondations du marché immobilier. Les locataires sont gentils, ils sont moins riches que les propriétaires qui eux sont méchants puisque pour être riches, ils ont dû exploiter des pauvres. La justice sociale s'est donc emparée du problème : protéger les gentils locataires contre les méchants propriétaires, là aussi, coûte que coûte. Et ça coûte beaucoup. Le prix à payer est le non-fonctionnement du marché immobilier dans les zones urbaines où la demande est importante avec un envol des prix qui pénalise les propriétaires, les aspirants propriétaires et les locataires.

Selon les données du ministère de la Transition écologique, depuis la fin des années 1990, les prix de l'immobilier ont augmenté en moyenne 1,8 fois plus vite que le revenu des ménages[45]. Au passage, cette hausse de prix, qui vide les poches des gens qu'ils soient propriétaires, aspirants propriétaires ou locataires, vient opportunément gonfler la poche de l'État grâce à une enfilade de taxes et d'impôts : taxe foncière, impôts locaux, droits de mutation, impôts sur la plus-value, impôts sur la mort ou droits de succession, impôt sur la fortune immobilière…

Évidemment, puisqu'il s'agit d'une hausse moyenne, l'offre se renchérit bien plus dans les zones dynamiques. Nul n'ignore que les taux d'intérêt sont forcés à la baisse afin que les pays d'Europe aux finances publiques mal gérées puissent faire face aux intérêts de leur gigantesque dette publique. Cette baisse de taux, couplée à l'allongement des durées d'emprunt, accélère aussi la hausse de l'immobilier puisqu'elle permet qu'encore plus d'acheteurs se présentent pour un même bien.

Dans un marché normal, soumis à la concurrence, une augmentation de la demande suscite une hausse de l'offre car des entrepreneurs discernent alors une opportunité. C'est oublier qu'avec l'immobilier, nous ne sommes plus dans un marché normal depuis… 1914, date du premier blocage des loyers par l'État. Depuis, même si le blocage intégral n'est plus à la mode (après l'échec cuisant de 1945),

---

[45] <u>Prix immobiliers-Évolution à long terme</u> (R)

l'encadrement le reste. L'offre locative et plus généralement le marché du logement sont donc faussés en France depuis plus d'un siècle.

L'offre de terrain à bâtir est elle aussi encadrée à tous les niveaux. Les démarches pour obtenir un permis de construire pourraient donner une « phobie administrative » à l'être le plus résistant qui devra y consacrer au moins dix-huit mois. Toute demande de justificatifs complémentaires par la toute puissante administration recule le délai de trois mois à partir de leur réception. Quand la bureaucratie est rattrapée par le temps, pour éviter l'horreur que représenterait la délivrance d'un permis tacite, elle délivre un refus juste avant l'expiration du délai légal. Le recours prend alors deux ans. La bureaucratie au niveau national (qui souvent jouit de logements sociaux et n'a donc pas elle-même de souci de logement) se protège par la technique bien connue du labyrinthe de circulaires et règlements. La bureaucratie locale se protège en délivrant le moins de permis possible pour éviter toute contestation auprès de juridictions administratives débordées. Bien sûr, dans ce domaine aussi, c'est l'adage « irresponsables mais pas coupables » qui reste la règle.

Une bonne petite injection de normes techniques permet d'augmenter encore le grippage du marché en entravant la construction et en grevant les prix. Ainsi, les normes d'isolation thermiques ont dépassé le seuil de rentabilité depuis belle lurette. Les respecter coûte plus cher que les économies qu'elles sont supposées garantir. Les normes pour aux handicapés prévoient une multitude d'accès dont beaucoup sont superfétatoires. Dans le cas d'achat en voie future d'achèvement, la justice sociale se doit de protéger l'acheteur, supposé plus fragile que le déjà riche promoteur avide de profits. Par conséquent, au lieu de laisser les contractants libres, la loi   impose que l'acheteur ne paie que proportionnellement à l'avancement des travaux.

Ceci est un bref aperçu des engins bureaucratiques de démolition qui s'attaquent à l'offre d'immobilier neuf. Pour parachever l'ouvrage, encore fallait-il s'acharner sur le parc locatif existant.

Tout est donc fait pour dissuader le propriétaire-bailleur. D'abord une fiscalité vite dissuasive une fois que l'effet de levier (terme chic pour dire que le propriétaire s'est endetté pour financer son acquisition) a disparu. Ensuite, un encadrement des loyers sans rattrapage intégral possible. Car avec le temps, le loyer réévalué avec des indices systématiquement sous-évalués par rapport aux véritables frais supportés s'érode. Lorsqu'un locataire part, l'ancien loyer se retrouve souvent manifestement sous les prix du marché ; dans ce cas fréquent, le propriétaire avide de profit ne pourra rattraper que la moitié de l'écart entre son loyer et le loyer du marché et ceci moyennant un parcours du combattant[46]… quand ce montant n'est pas carrément bloqué pour les zones dites tendues. Même en cas de travaux d'amélioration ou de rafraichissement, la hausse ne peut excéder 15 % des coûts de ceux-ci. Sans surprise, les institutionnels (assureurs, notamment) désertent le marché locatif.

Pour retrouver une rentabilité décente, un certain nombre de propriétaires se sont tournés vers des locations de courte durée au travers de sites internet. Là aussi, la massue législative et réglementaire n'a pas hésité à s'abattre sur ces impudents et sur les sites spécialisés avec, dans certains cas, interdiction pure et simple de pratiquer ce type de location.

Dans le monde idéal tel que le conçoivent nos bureaucrates, seuls les logements sociaux trouvent grâce. Cela permet de pratiquer le clientélisme en logeant des fonctionnaires ou des édiles qui s'occupent de gripper le marché immobilier ainsi que des électeurs qui — à défaut d'être nécessiteux —

---

[46] https://www.pap.fr/bailleur/loyer-charges/l-encadrement-des-loyers-a-la-relocation-reconduit-en-zone-tendue/a16858

voteront avec gratitude pour le pouvoir qui leur pourvoit un toit aux frais des autres contribuables.

À Paris, depuis l'élection des socialistes en 2001, la ville revendique la création de 76 000 logements sociaux. Ce qu'oublie de dire la municipalité, c'est que ce parc provient pour une très large part de la préemption de biens privés. Dans le même temps, les scandales d'attribution desdits logements se multiplient[47]. La ville de Paris a ainsi acquis et aménagé dans le seizième arrondissement, pour un coût de 12 000 €/m^2, des « logements intermédiaires » accessibles aux ménages disposant de revenus allant jusqu'à 10 000 € par mois[48].

En raison de la destruction du marché immobilier, seuls 57,7 % des Français sont propriétaires de leur logement, un chiffre très inférieur à la moyenne européenne. À défaut d'être propriétaires de leur toit, ils sont obligés de composer avec un marché locatif grippé.

L'État, après avoir rétréci et renchéri l'offre privée prétend :

- Aider les acheteurs par des incitations fiscales (Pinel) et des prêts bonifiés (PTZ)
- Aider les locataires avec une aide personnelle (APL) ;
- Punir les propriétaires en surtaxant les locaux vacants, les terrains constructibles mais non construits…

Coût de cette protection, ou plus précisément de ce racket : 45 Mds€ par an[49]. Moyennant quoi, nous nous dirigeons là

---

[47] Citons notamment Alexis Corbière et Danièle Simonnet, « insoumis » et fidèles de Mélenchon, ne dédaignant pas de vivre aux crochets des contribuables
[48] Entrepreneurs pour la France [(S)]
[49] Entrepreneurs pour la France [(S)]

encore dans l'immobilier, résolument et fermement, vers le collectivisme.

Le marché de l'emploi ou le marché immobilier ne sont que deux vastes domaines où l'interventionnisme de l'État, loin de nous protéger, nous nuit. Mais il en existe bien d'autres.

Protection illusoire et multiplication des contrats gagnant-perdant

Dès que l'État intervient en dehors de son champ de légitimité, un jeu de dupes se met en place. Le champ de légitimité de l'État est en réalité très étroit : il s'agit de l'intérêt public ou l'intérêt général. Formulé autrement, c'est l'intérêt de chacun, homme ou femme, riche ou pauvre, jeune ou vieux. Il s'agit d'un plus petit dénominateur commun et non pas d'un vaste fourre-tout où chacun mettrait ce qui intéresse sa petite personne.

Pourquoi protéger ou subventionner tels entrepreneurs ou producteurs plutôt que tels autres, pourquoi protéger tel groupe de citoyens et non tel autre ? Au nom de quoi ?

Les deux grandes pompes taxation-redistribution et taxation-subvention qui servent ces protections, ces intérêts particuliers, ne créent pas de richesses. Elles prennent à Pierre pour donner à Paul. Gagnant : Paul qui a pris sans effort. Perdant : Pierre qui a donné sans contrepartie. Bilan nul, voire négatif car nos protecteurs taxateurs-redistributeurs se rémunèrent au passage. En outre, une sorte de corruption se distille entre les élus et les bénéficiaires directs et indirects des prébendes (particuliers ou entreprises subventionnés). Remettons les pendules à l'heure : si vous percevez une aide ou une subvention, l'argent a été pris à quelqu'un d'autre. Il n'y a aucune création de richesse dans ce processus.

**CHAQUE EURO
QUE
LE POUVOIR POLITIQUE
VOUS DONNE
A ÉTÉ PRIS DE FORCE
À
DES CONCITOYENS.**

www.collectifantigone.fr

Le problème de nos politiciens professionnels du racket de la protection est qu'ils ne raisonnent qu'en termes de lutte des classes donc de contrats gagnant-perdant. Dans leur esprit si quelqu'un gagne, un autre doit avoir perdu. Selon eux, la richesse est limitée et ne peut se créer. C'est évidemment faux car nous en serions restés à l'Âge de Pierre et à l'économie de subsistance s'il en était ainsi. Mais ce n'est pas parce qu'une idée est fausse qu'elle n'est pas populaire.

C'est ainsi que nous avons accumulé 2 638 Mds€ de dette publique. Parce que nous sommes dans une logique d'accumulation de contrats gagnant-perdant. À chaque fois, on nous promet qu'avec de l'argent public il y aura moins de chômeurs, plus d'emplois, plus de logements, plus de tout ce que vous voulez et moins de pauvreté et de malheurs. À chaque fois, cela ne marche pas et il faut remettre au pot. Le plan de relance post-covid à 100 Mds€ de dépenses supplémentaires, baptisé France-Relance, s'inscrit également dans cette logique gagnant-perdant.

Au menu :

- Cohésion sociale (chômage partiel, formation) : 36 Mds€
- Compétitivité, dont des baisses d'impôts de production : 34 Mds€
- Rénovation thermique des bâtiments publics et HLM : 4,5 Mds€

- SNCF : 4,7 Mds€
- Technologies « vertes » : 3,4 Mds€
- Hôpitaux publics : 6 Mds€
- Associations de lutte contre la pauvreté : 0,1 Mds€
- Augmentation de l'allocation de rentrée scolaire et Tickets restaurant universitaires à un euro : 0,6 Mds€
- Hydrogène vert : 2 Mds€

Ceci s'ajoute aux 115 Mds€ de prêts garantis par l'État[50] (donc par les contribuables) et aux mesures de chômage partiel, dispositif le plus généreux d'Europe.

En dehors de la baisse des impôts dits de production, impôts qui plombent nos entreprises qui sont les seules en Europe à en supporter à un tel niveau[51], tout le reste n'est que du vieux de fond de sauce. Le même qui nous a conduits à 2 638 Mds€ de dette publique. Cette relance subventionne lourdement Air France, EDF, SNCF, des entreprises étatiques, monopolistiques pour deux d'entre elles, et mal gérées depuis des décennies.

« Avec France Relance nous nous donnons les moyens de revenir plus forts encore qu'avant la pandémie » se vante notre nouveau Premier ministre. Depuis vingt ans, la France, actuellement vingt-neuvième du classement FMI des pays par niveau de vie, a perdu vingt-quatre places. Comme tous les plans similaires[52], ce plan multiplie les échanges forcés, donc gagnant-perdant, et s'avérera un échec.

---

[50] Les Allemands utilisent aussi ces prêts mais les réservent aux PME bénéficiaires, tandis que l'État français les prodigue à Air France ou Darty...

[51] Les impôts de production sont sept fois moins élevés en Allemagne

[52] Plan Calcul avec Bull, plan machines-outils, soutien du procédé Secam de télévision, subventions à l'aérotrain, construction du

Lorsque deux personnes contractent librement, dans le secteur privé, elles le font parce qu'elles estiment qu'elles vont en   tirer un profit (donc une richesse). Par exemple, Air Liquide, champion mondial des gaz et producteur d'hydrogène, est mieux placé pour développer ce marché avec ses clients que les bureaucrates de la Banque publique d'investissement ou la SNCF.

Bien sûr, parfois, avec le temps, certains accords librement conclus se révéleront gagnant-perdant. L'une des parties s'est trompée voire (mais plus rarement) les deux. Toutefois, dans l'ensemble, depuis la nuit des temps, il s'est conclu entre les particuliers plus de contrats gagnant-gagnant que de contrat gagnant-perdant ou perdant-perdant.

> « Les accords gagnant-gagnant volontaires – rendus possibles par les innovations locales dans les domaines des coutumes, du langage, de la monnaie et du respect de la propriété privée – sont progressivement devenus plus profitables que la violence. Ce que nous appelons la "civilisation" est le résultat de ces accords gagnant-gagnant. »
>
> William Bonner, *Gagner ou Perdre - Une histoire des civilisations*, Les Belles Lettres

L'humanité a progressé en abandonnant le vol, le pillage et le rançonnage, passant d'une économie de subsistance à une économie d'abondance. C'est ainsi qu'aujourd'hui nos irresponsables non coupables peuvent proposer leurs théories pour dilapider ce qui ne leur appartient pas.

Cette fatale logique de lutte des classes, de gagnant-perdant, nous empêche d'augmenter notre richesse et notre bien-être, de progresser dans la civilisation. Elle sape la fraternité mais fait le bonheur et la fortune des prêcheurs de solidarité forcée

---

Concorde, acharnement sur le Minitel, Superphénix, usines marémotrices, four solaire, etc.

qui nous mettent sous tutelle sous le fallacieux prétexte de protection.

> « On s'était progressivement habitué à être une société d'individus libres. Nous sommes une Nation de citoyens solidaires. »
>
> Emmanuel Macron, discours du 14 octobre 2020

Nous étions libres, nous ne le sommes plus. Vous devez désormais sacrifier votre liberté et votre personnalité à une solidarité forcée. Car la solidarité, ce n'est qu'une charité bidon pratiquée avec l'argent des autres. Cette phrase macronienne sent le socialisme. Or le socialisme, qu'il soit national, international, bolchévique, nazi, vénézuélien ou coréen, n'a jamais fonctionné quelles que soient les circonstances, y compris une crise sanitaire.

L'État se protège d'abord lui-même selon le principe irresponsable mais jamais coupable. L'État nous protège de risques illusoires ou fantasmés selon l'idéologie à la mode. L'État nous protège des risques qu'il a lui-même créés avec un système fiscal confinant au racket (« si vous ne voulez plus d'incendie, il va falloir me payer »).

Tout ceci prend de l'argent aux contribuables, absorbe du temps et beaucoup d'énergie y compris aux zélés serviteurs de l'État. C'est ce qui explique probablement que nous ne soyons plus protégés de nos vrais risques.

NOTRE VÉRITABLE PROTECTION N'EST PLUS ASSURÉE

En réalité, notre État ne s'occupe plus vraiment de nous protéger depuis belle lurette. Il a endossé d'autres missions, considérablement plus importantes, plus coûteuses et prioritaires selon nos autorités élues ou non…

Ces nobles missions passent bien avant la sécurité de nos misérables petites personnes qui ne sont animées que de sentiments étriqués et égoïstes sauf si des fonctionnaires omniscients nous mobilisent dans un grand élan social, solidaire, responsable et durable.

En attendant, les pillages et les voies de fait dans les espaces privé et public sont laissés faire ; les « forces de l'ordre » — selon l'expression désormais consacrée — sont occupées à protéger des cortèges officiels, des résidences privées de certaines personnalités, des réunions du G7 à grand renfort de vols intercontinentaux, de ballets d'hélicoptères, de cortèges de grosses limousines et d'escortes. Dans ce cas, qu'importe la « trace carbone » des participants à ces réunions au sommet, ne réfléchissent-ils pas à l'avenir monde ?

Que pèse le racket de mineurs devant l'œil des caméras de surveillance des transports publics ou le vol de vos effets privés face à ces grands enjeux planétaires ? L'augmentation de l'insécurité ou des incivilités — dont se plaignent quelques grincheux allergiques au bonheur du vivre-ensemble ou suppôts de l'extrême droite — ne serait qu'un sentiment.

Certes…, concédons-le du bout des lèvres, on peut parfois mettre quelques chiffres sur ce sentiment diffus et le préciser. Ainsi en dix ans, le nombre trimestriel de coups et blessures volontaires sur personnes de quinze ans et plus est passé de 52 000 à 70 000 selon les statistiques nationales.[53] Plus de 34 % d'augmentation, on rêverait d'une telle progression dans les secteurs rentables du privé avec des emplois utiles à la clé.

---

[53] Source : fichier SSMSI, base des crimes et délits enregistrés par la police et la gendarmerie. Disponible au téléchargement [T] pour les chiffres à partir de 2012.

Cette hausse n'est pas due à un manque de moyens, nous le savons désormais car le mouvement primitif des Gilets jaunes a obtenu une grande victoire. Nos zélés fonctionnaires du Trésor ont produit une note de synthèse compréhensible pour tenter de répondre à la question lancinante de Jacline Mouraud : « Mais qu'est-ce que vous faites du pognon ? ».

Ainsi nous savons que sur 1 000 € de dépenses publiques, 25 € sont consacrés à la sécurité et 4 € à la justice. Le pognon n'est donc pas du tout dépensé pour nous protéger. Par comparaison la « culture » absorbe 22 € (hors frais de fonctionnement des musées). Comme nous le crient ces chiffres, notre sécurité n'est donc pas du tout la priorité de l'État. C'est bien regrettable car c'est justement ce service de sécurité à la personne qui légitime un État, un gouvernement et l'usage de la force publique.

L'authentique besoin de protection par l'État

La protection accordée par l'État est une idée vieille comme le monde politique. Elle est même la première justification d'un gouvernement et d'un État.

Dans son *Histoire des idées politiques*[54], le philosophe Philippe Nemo revient sur le besoin de gouvernement et d'État attesté dans les sociétés primitives ; il souligne que le premier rôle demandé à une organisation politique est la régulation de la violence par la justice.

Les individus constitués en société, en consentant à déléguer la justice et non plus à l'assurer eux-mêmes, surmontent ainsi la loi du sang ou la règle de la vendetta. « Tu as tué mon fils, je tuerai donc tous les tiens et leurs descendants » fait alors place à « Je consens à ce que les assassins de mon fils

---

[54] *Histoire des idées politiques dans l'Antiquité et au Moyen-Âge*, PUF

soient jugés par des tiers ». L'appareil judiciaire représente la collectivité dans son ensemble et personne n'est assez fort pour s'y opposer. Ceci est un pas important vers la civilisation, mot qui exprime tout bonnement une organisation où chacun traite les autres comme il voudrait être traité.

Dans une société féodale, le seigneur paie l'impôt du sang tandis que sa forteresse accueille les paysans pour les protéger en cas de déferlante de pillards. Cette protection donne droit audit seigneur de lever l'impôt pour financer son armée. Certes, une fois la situation apaisée, les impôts comme les privilèges sont restés et se sont multipliés durant quelques siècles ce qui a donné lieu à un ajustement à la Révolution…

Le nouveau contrat politique allait donc devenir la déclaration des Droits de l'homme du 26 août 1789, texte fondateur de notre République, qui énonçait ceci :

> **Art. 2.** Le but de toute association politique est la conservation des droits naturels et imprescriptibles de l'Homme. Ces droits sont la liberté, la propriété, la sûreté, et la résistance à l'oppression.
>
> **Art. 4.** La liberté consiste à pouvoir faire tout ce qui ne nuit pas à autrui : ainsi, l'exercice des droits naturels de chaque homme n'a de bornes que celles qui assurent aux autres Membres de la Société la jouissance de ces mêmes droits. Ces bornes ne peuvent être déterminées que par la Loi.
>
> **Art. 5.** La Loi n'a le droit de défendre que les actions nuisibles à la Société. Tout ce qui n'est pas défendu par la Loi ne peut être empêché, et nul ne peut être contraint à faire ce qu'elle n'ordonne pas.
>
> **Art. 17.** La propriété étant un droit inviolable et sacré, nul ne peut en être privé, si ce n'est lorsque la

nécessité publique, légalement constatée, l'exige
évidemment, et sous la condition d'une juste et pré-
alable indemnité.

Ces quatre articles définissent parfaitement les domaines
d'intervention de l'État. Notons au passage que conformé-
ment à l'article 2, tout parti politique ne respectant pas les
droits naturels devrait être interdit et en particulier le droit à
la propriété privée comme le rappelle l'article 17.

Mais au fait, pourquoi la liberté, la propriété, la sûreté et la
résistance à l'oppression sont-elles des « droits naturels im-
prescriptibles », vous demandez-vous peut-être ? C'est le
fruit d'un long cheminement de la pensée qui commence en
441 avant J.-C avec Sophocle qui fait dire à Antigone, bra-
vant Créon qui veut lui interdire de célébrer les funérailles
de son frère assassiné :

> « Et je n'ai pas cru que tes édits pussent l'emporter
> sur les lois non écrites et immuables des dieux,
> puisque tu n'es qu'un mortel. Ce n'est point d'au-
> jourd'hui, ni d'hier, qu'elles sont immuables, mais
> elles sont éternellement puissantes, et nul ne sait de-
> puis combien de temps elles sont nées. »

Ce long cheminement de la pensée se poursuit durant le cou-
rant humaniste puis avec l'école de Salamanque.

Cette philosophie du droit postule qu'il existe des droits an-
térieurs et supérieurs à tout pouvoir et toute loi. Liberté,
propriété, sûreté et résistance à l'oppression constitue un
triangle sacré fondateur de la personnalité, le fait que chaque
individu est unique, l'essence de l'être humain. Selon les
droits naturels, un individu ne peut être réduit à un pion social, une fourmi d'une fourmilière, une abeille d'une ruche,
une bestiole indifférenciée. L'individu ne peut être aliéné par
une chaîne de solidarité imposée. Il est responsable.

Nul ne peut être libre s'il ne peut disposer de sa propriété. Ainsi l'esclave n'est pas libre puisqu'il ne peut disposer des fruits de son travail. La propriété et la liberté impliquent la responsabilité. Pour être libre, il faut pouvoir résister à l'oppression.

Ces droits naturels sont des « droits individuels » qui existent parce que les individus existent. Ils ne sont ni religieux ni politiques. Les autres droits y sont subordonnés. Admettre que des « droits sociaux » ou « droits à » seraient supérieurs aux « droits naturels » revient à considérer que certains individus pourraient exercer un droit sur la liberté ou la propriété d'autrui. Ainsi, le « droit au logement » ne doit pas empiéter sur le droit de propriété. Ni la liberté de manifester déboucher sur le saccage des propriétés (vitrines brisées, pillages, etc.).
L'association politique, l'État et son gouvernement ne sont donc légitimes que s'ils sont au service de la liberté, de la propriété, de la sûreté et de la résistance à l'oppression de toute personne vivant dans sa juridiction.

Il est notoire qu'aujourd'hui, en France, ces missions légitimes ne sont plus correctement assurées par l'État et le pouvoir en place. Ce sont devenues des missions subsidiaires. Sur 1 000 € de dépenses publiques, seulement 60 € sont consacrés à la défense, à la sécurité et à la justice[55].

La liberté attaquée

Des libertés essentielles, celles de se déplacer et de se retrouver en famille ou entre amis, sont désormais entravées sous prétexte de crise sanitaire.
Ces entraves sont injustifiées comme le montre l'évolution du nombre de décès quotidien, information délivrée hebdomadairement par l'INSEE, un organisme public. Depuis le

---

[55] https://www.economie.gouv.fr/fiscalite-et-depenses-publiques

1° mai 2020, le nombre de décès quotidiens est similaire à ceux enregistrés lors des années 2017, 2018 et 2019[56]. Comble d'ironie, le record du nombre quotidien de décès en France date de la canicule de 2003, le coronavirus se situant largement derrière…

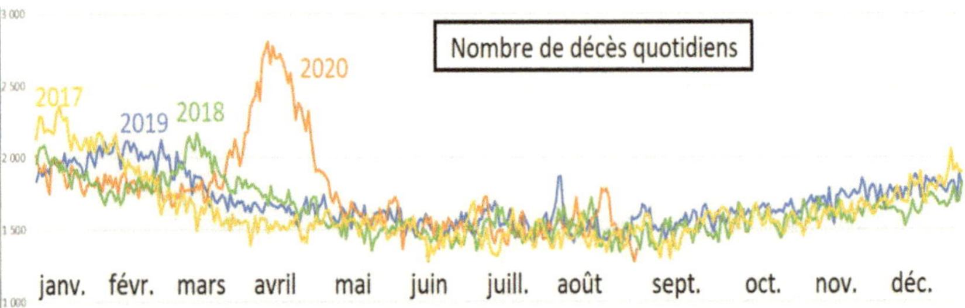

Certes, les courbes de l'INSEE montrent bien une surmortalité en 2020 de mars à fin avril. Tout revient dans les clous statistiques de mai à septembre. Le premier confinement décrété en mars n'aurait pas été justifié si notre pays avait adopté la méthode permettant de faire face de façon raisonnable, à savoir : tester, tracer, isoler. Le confinement est tout simplement la solution du pauvre, lorsque les vraies solutions ne sont pas possibles. Le confinement revient à *retarder* l'immunité collective. Sa seule justification est d'éviter la saturation des lits de réanimation, et donc l'horreur du « tri ». Le second confinement aurait été tout aussi évitable si les lits supplémentaires promis avaient été là.

Tester et tracer n'ont pas été possibles en France car l'État et son gouvernement brident la liberté d'entreprendre. Après avoir créé des pénuries de gel hydroalcoolique, découragé la fabrication de masques, les autorités ont voulu réglementer les tests et les prises de sang et monopoliser le traçage. Le

---

[56] Ces statistiques sont disponibles ici avec un graphique comparé https://www.insee.fr/fr/statistiques/4923977?sommaire=4487854

succès de l'application Stop-Covid — que même le Premier ministre avoue ne pas avoir téléchargée — rappelle celui du désastreux Plan Calcul. Les lits supplémentaires ne sont pas arrivés, plus de six mois après les promesses. Et si la crise sanitaire n'était pas tout simplement la crise de l'hôpital public ?

Aujourd'hui une population tétanisée par la peur accepte couvre-feu, sauf-conduit et reconfinement. Un parlement en état de léthargie entérine et le Conseil d'État cautionne. Les médias ne soufflent mot de la déclaration de Great Barrington[57], signée le 4 octobre 2020 par 11 500 scientifiques et 33 000 médecins, qui expose pourquoi le confinement est une mesure inutile et nuisible. Cette déclaration donne par ailleurs des préconisations de bon sens qui ne sont pas appliquées dans notre pays. Les libertés de circulation et de réunion n'existent plus sans motif véritable. Combien de familles n'ont pu accompagner dignement la mort d'un proche parent. N'entendez-vous pas résonner le cri de révolte d'Antigone défiant Créon ?

La loi sur l'état d'urgence sanitaire a accéléré une tendance sous-jacente depuis bien longtemps. Elle succède à l'état d'urgence de 2015 décrété au moment des attentats islamiques.

> « La banalisation d'un état d'urgence fait qu'au bout d'un moment, les gens s'habituent aux atteintes aux libertés. C'est cela qui est dangereux »,
>
> Serge Slama professeur de droit public à l'université de Grenoble

> « Le balancier entre liberté et sécurité est cassé. On n'a plus qu'un seul propos politique, celui visant à assurer la sécurité des Français. »

---

[57] Version française disponible (U)

Patrice Spinosi, avocat aux conseils d'État et constitutionnel

Dans un autre domaine, depuis des décennies, la liberté d'entreprendre est sévèrement circonscrite par une multitude de normes et réglementations, véritables murailles faisant obstacle à une saine concurrence. Bien sûr, le principe de protection du consommateur est toujours agité. Ainsi, si demain vous décidez de vous lancer dans le savon artisanal à base de plantes et huiles bio, vous devrez vous soumettre aux mêmes obligations que Bayer, Basf ou Procter & Gamble. L'obligation du « marquage CE » dissuade de nombreux artisans. Cette protection — purement réglementaire — fait le bonheur des grands groupes qui peuvent en assumer les frais et financer un efficace lobbying bruxellois.

Malgré la Révolution, notre pays reste friand de corporatisme, de guildes, de privilèges. Certaines grandes entreprises ont discerné l'opportunité qu'offrait l'utilisation des normes à des fins protectionnistes. Ainsi, la France chute doucement dans l'indice de liberté économique et se situe en 2018 à la 57ème place dans le monde et, sans surprise, à la 106ème place pour le marché du travail, un des critères du classement. C'est regrettable car il existe une forte corrélation entre la liberté économique régnant dans un pays et la prospérité de ses habitants.

Plus généralement, c'est avec le principe de précaution que le balancier entre liberté et sécurité a été brisé par le législateur et que l'équilibre n'existe plus.

Gravé dans le marbre de la loi Barnier de 1995 le principe de précaution s'énonce tel que :
« L'absence de certitudes, compte tenu des connaissances scientifiques et techniques du moment, ne doit pas retarder l'adoption de mesures effectives et proportionnées visant à prévenir un risque de dommages graves et irréversibles à l'environnement, à un coût économiquement acceptable »

Notons à cette lecture que les législateurs modernes adoptent un style parfaitement abscons qui tranche avec la limpidité du Code civil de ses débuts. « Nul n'est censé ignorer la loi » semble avoir fait place à « nul n'est censé comprendre la loi ».

Il faut cependant retenir que cette phrase alambiquée parle de risques *hypothétiques et non avérés*.

Autrement dit, *si tu ne sais pas, tu ne fais pas*. Avec la généralisation d'un tel principe, l'humanité n'aurait guère progressé. L'homme n'aurait pas domestiqué le feu, Cro-Magnon n'aurait pas essayé les champignons et nous ne saurions toujours pas lesquels sont comestibles, l'agriculture n'aurait pas été tentée, Christophe Colomb n'aurait pas appareillé, la fée électricité n'aurait pas pénétré dans les foyers, etc.

Si le principe de précaution entrave nos libertés de circulation et d'entreprendre, le droit de propriété fait aussi l'objet d'un travail de sape.

La propriété bafouée

Les Français aiment la pierre. En cet été 2020, la France s'est émue que des squatters puissent s'approprier un logement en toute « légalité » et donc en toute impunité sans que la force publique puisse intervenir. Théoule-sur-Mer défraye la chronique. Régulièrement, ce type de fait divers méduse les spectateurs du JT en braquant les projecteurs médiatiques sur un fait : le droit du propriétaire est devenu inférieur aux droits de ceux qui ne sont pas propriétaires, au mépris de la Constitution qui pourtant met le droit de propriété au sommet de la hiérarchie. Un nouveau « droit au logement » est apparu qui fait que le vol est désormais protégé par la loi.

En cas d'occupation par un tiers, un propriétaire doit apporter la preuve que les squatters sont rentrés par effraction (portail, fenêtre, serrure voire, dans ce dernier cas, son remplacement). La sous-location (même si elle est interdite par le bail) comme le maintien dans les lieux malgré le non-paiement de loyers ne sont pas considérés comme un squat, c'est-à-dire une occupation sans titre. Pour une résidence secondaire, la victime doit réagir moins de 48h00 après le constat de l'infraction. Pourtant, peu importe la distinction entre résidence principale ou secondaire, on n'est pas moins propriétaire d'une résidence secondaire et n'importe qui devrait pouvoir jouir de sa propriété quel qu'en soit l'usage paisible qu'il choisit d'en faire. Cette charge de la preuve est déjà lourde, mais elle devient insupportable dans le cas d'une hospitalisation, d'une expatriation. En vertu de l'article 61 de la loi du 9 juillet 1991, il faut une décision de justice pour expulser les occupants d'un logement même en l'absence de titre d'occupation.

Sans vouloir entrer dans les arguties juridiques, dans les faits, c'est le lésé, le propriétaire à qui incombe une longue procédure sachant que la trêve hivernale suspend toute mesure d'expulsion. C'est le propriétaire qui passera l'hiver dehors avec des charges, des impôts et des frais qui, eux, courent toujours. S'il ne peut payer, son bien sera saisi, vendu aux enchères à la barre d'un tribunal à un prix dérisoire puisque squatté.

En revanche, les squatters, eux, ne sont que très rarement condamnés. Dans le cas du fait divers de l'été 2020, les squatters de Théoule-sur-Mer ont été condamnés… avec sursis. Le message est clair : le propriétaire n'est rien aux yeux de la loi.

Plus généralement, de nos jours, l'utilisation de la force publique pour protéger des intérêts privés des citoyens ordinaires est mal vue par l'appareil législatif, judiciaire et policier ainsi que les médias.

L'usage de la force publique se destine avant tout à prévenir les troubles à l'ordre public dans le cadre d'une mission « d'intérêt général ». Or, ces notions « d'intérêt général » ou de « bien commun » flottent désormais dans le plus grand vague.

Tant que l'intérêt général ne sera pas circonscrit à l'intérêt commun à chaque individu (liberté, propriété, sûreté et résistance à l'oppression), les lois deviendront de plus en plus politiques, suivant les modes et le clientélisme du moment selon que tel ou tel parti arrive au pouvoir.

De plus en plus, l'État devient non plus le garant de la propriété privée mais son ennemi. En revanche, son grand souci semble d'étendre la propriété publique par la confiscation, la destruction ou l'amputation des droits de propriété privée. Il se crée ainsi des obligés qui n'oublieront pas de renvoyer l'ascenseur aux élections. On ne mord pas la main qui vous nourrit même si la nourriture a été volée à d'autres.

Une récente innovation législative va dans ce sens. Une proposition de loi déjà adoptée en première lecture à la fin de 2019[58] se propose de dissocier le terrain du bâti. Par son interventionnisme, l'État a suscité une crise du logement et un renchérissement de l'immobilier. Les causes sont connues : règles d'urbanisme, quota de typologie de logement, réglementation des loyers, fiscalité dissuasive… Mais plutôt que d'alléger les contraintes, pour permettre aux Français d'accéder plus facilement à la propriété, le législateur imagine désormais leur donner une propriété partielle et dégradée. L'État resterait propriétaire du sol pour éviter la spéculation sur les terrains. L'heureux propriétaire n'aurait un titre que sur le bâti et prendrait en location (en plus de ses taxes foncières, il va sans dire) le foncier pour une longue durée. La suite de l'histoire est facile à imaginer, c'est gros comme une maison : le loyer du terrain sera un marché contrôlé par l'État, qui fixera ses prix avec la brutalité qu'on lui connaît,

---

[58] Loi dite Lagleize

sans grand souci du contribuable-locataire-foncier qui aura de surcroit son bâti pris en otage. Pensez-vous que la situation des aspirants propriétaires s'en trouvera améliorée ?

Comme beaucoup cette nouvelle loi trouve son inspiration dans la lutte des classes. Ainsi, le rapport de la lettre de mission qui a débouché sur cette loi énonce :

« Nous ne devons plus laisser la seule loi de l'offre et de la demande, conjuguée à la cupidité humaine traditionnelle, créer une bulle d'enrichissement de quelques-uns. »

Outre un nouveau démembrement de propriété entre la propriété du foncier et celle du bâti, on trouve dans cette loi deux mesures typiques de la corruption et du capitalisme de connivence à la française :

- Fin des ventes aux enchères publiques des biens publics. Les prix seront « *librement* » fixés entre l'État ou la collectivité et l'acquéreur choisi en toute opacité.
- Et bien sûr, un nouveau « comité *de suivi multi-acteurs en charge de la mise en œuvre des propositions.* » Ce genre de comités est le point de chute idéal de tous les politiciens professionnels en mal de mandat…

À bien y regarder, les biens appartenant à l'État ou à une collectivité publique ont été obtenus par la contrainte (fiscalité, expropriation) et non par un processus créatif comme le travail et la création de valeur. Ainsi, historiquement, la plupart des systèmes législatifs considèrent qu'un terrain appartient à son premier occupant, celui qui a utilisé le premier ce sol y mêlant ainsi sa propriété personnelle, son travail de défrichage ou de labour. Cette notion de droit propriété ne se limite d'ailleurs pas au foncier mais recouvre tous les biens et services résultant d'un processus de création par un être humain. Un titre de propriété légitime se transfère

par des échanges consentis et non pas par la violence ou l'expropriation.

La sûreté et la résistance à l'oppression érigées en nouveaux privilèges

« La France n'est pas un coupe-gorge »
Éric Dupond-Moretti, ministre de la Justice, le 1° septembre 2020
Le 16 octobre 2020, décapitation d'un enseignant dans les Yvelines
Le 29 octobre 2020, trois personnes égorgées dans une église à Nice
La liste n'est hélas pas close

Comme nous l'avons vu, le « sentiment » d'insécurité est une réalité chiffrée. Droite et gauche nous gavent de leurs explications et de solutions bidon.

Pour la droite, notre société s'ensauvage sous l'effet d'une immigration non contrôlée, non assimilée, qui refuse notre morale, notre code législatif et importe ses règles tribales. Il faut plus de police, plus de caméras, plus de moyens…
Pour la gauche, notre société se fractionne en raison des inégalités, du manque d'ascenseur social. Il faut plus d'allocations, plus de « redistribution », plus de moyens…

Le point commun est « plus de moyens », c'est-à-dire plus de fonctionnaires et plus d'impôts. Toutefois, comme le problème n'est pas bien posé, les solutions sont inadéquates.

Par le passé, c'est le travail et non les allocations qui a toujours été la voie de l'intégration : l'insertion professionnelle des parents et le travail scolaire des enfants. De nos jours, l'assimilation ne se fait plus car le chômage de masse s'est incrusté et la qualité de l'enseignement prodigué par l'Éducation nationale régresse ; la panne l'ascenseur social vient d'abord de ces deux grippages. Cette dégradation du niveau scolaire en France se constate objectivement dans les classements internationaux[59]. L'école est donc l'une des clés du problème de l'ensauvagement (selon la droite) ou du fractionnement (selon la gauche). Mais il ne s'agit pas d'une question de moyens. Les comparaisons internationales montrent que le budget par élève de l'enseignement en France se situe dans la moyenne supérieure des pays développés.

La droite et la gauche confondent argent et efficacité dans tous les domaines. Dans celui de la santé, le coût de la bureaucratie en France est bien plus élevé qu'en Allemagne[60]. Dans celui de l'école, sur le papier, les moyens sont là mais sur le terrain une désastreuse pédagogie centralisée est devenue une machine à gaspiller. Dans le domaine policier, la bureaucratie règne aussi. De nombreux fonctionnaires affectés à la sécurité sont devenus des brasseurs de papier, des remplisseurs de Cerfa. Là encore les comparaisons internationales démontrent que notre pays compte suffisamment d'effectifs policiers, de places de prison. Simplement, les forces de l'ordre encadrent des cortèges officiels ou des manifestations (tout en ne les empêchant pas de dégénérer de plus en plus souvent en émeutes). Elles verbalisent les porteurs de masques ou les automobilistes en excès de vitesse mais elles sont de moins en moins sur le terrain pour défendre la propriété, enquêter sur un vol à l'arraché, etc. Une part croissante du terrain a d'ailleurs été définitivement abandonné, ce sont les zones dites de non-droit qui sont — n'en déplaise au ministre de la Justice — de vrais coupe-gorge.

---

[59] Classement PISA entre autres

[60] Selon les chiffres 2018 de l'OCDE, 35,22 % des emplois hospitaliers en France **ne sont pas** médicaux ou paramédicaux, contre 24,3 % en Allemagne. Par ailleurs la France est le pays d'Europe qui consacre le plus d'argent à la santé : 11,5 % du PIB contre 11,1 % en Allemagne.

Ce dernier ministre est d'ailleurs beaucoup plus préoccupé par combattre les « atteintes à l'air au sol et à l'eau » désormais érigées en délit que par combattre les atteintes à notre sécurité et notre sûreté.

Mais peut-être que le plus grand malheur du citoyen ordinaire réside dans les fonctionnements dégradés de la police et de la justice qui font que sûreté et résistance à l'oppression ne sont plus que l'apanage de quelques minorités ayant les faveurs du pouvoir ou de quelques privilégiés.

Le scooter volé du fils de Nicolas Sarkozy est retrouvé grâce à des empreintes ADN.
> Mais quid du zèle policier pour les milliers de plaintes similaires déposées par des gens ordinaires ?

Pendant les premiers épisodes des gilets jaunes, en décembre 2018, certaines résidences privées d'élus comme celle de Gérard Larcher à Rambouillet, avaient le privilège d'être surveillées par des « robocops » armés, casqués et bottés.
> Mais les commerces et les automobiles étaient victimes des pilleurs non contrôlés par les « forces de l'ordre ».

Le clan Traoré bénéficie de toute la bienveillance médiatique et du ministre de l'Intérieur pour poser en victime le délinquant Adama Traoré.
> Mais Adama Traoré est finalement condamné pour viol sur son compagnon de cellule qui a tenté de se suicider. Ce n'est que sur les réseaux sociaux que #VeritePourAdama fait place à #AdamaVioleur

Pendant que les élus encensent en août 2020 les joueurs de foot du PSG et exaltent le « vivre-ensemble » (« Vaillante, valeureuse, généreuse, cette équipe du @PSG_inside peut être fière de son parcours » pour Jean Castex ; « un grand merci à l'équipe de @PSG_inside pour tous ces beaux moments vécus ensemble » pour Anne Hidalgo) pas un mot sur les pillages et la guerre urbaine qui ont suivi…

> Si, en fait, un mot de journaliste de France Info « Vous ne pouvez pas vouloir qu'on empêche les fans de faire la fête sur les Champs-Élysées ? » comme si le pillage de la propriété d'autrui était une fête.

Si vous êtes un politicien professionnel,
Si vous appartenez à une « minorité visible »,
Si vous revendiquez l'homosexualité,
Si vous êtes terrorisé par les ondes et que vous démontez des antennes,
Si les OGM vous déplaisent et que vous saccagez des cultures expérimentales,
Si vous exigez l'alimentation végétarienne, ou hallal, ou casher à la cantine scolaire,
Si vous déboulonnez des statues ou si vous saccagez des façades parce que le passé et ses personnages vous déplaisent,
Si vous squattez le logement qui vous plait
…

Alors, les faveurs des médias, la puissance des forces de l'ordre et de la justice vous sont acquises car vous appartenez à une minorité soi-disant opprimée et jugée digne d'intérêt.
Dans le cas contraire, passez votre chemin et bouclez-la !

Tandis que la « justice sociale » devient la quête prioritaire, que le syndicat de la magistrature s'orne d'un « mur des cons », la justice ordinaire qui concerne nos affaires quotidiennes est irrémédiablement engorgée et inefficace. Les temps de traitement de procédures pénales se comptent en années, ceux des procédures civiles en semestres. Le Sénat admet « des délais de jugement excessifs et croissants ».[61]

Sur 1 000 € de dépenses publiques, la justice absorbe 4 €, cinq fois moins que la culture. S'il est une seule mission de l'État qui serait en manque d'argent, c'est peut-être celle-là. Dans le tableau de bord de la justice en Europe dressé par la Commission européenne, la France atterrit 14ème sur 28 pays avec un budget deux fois moindre que celui de l'Allemagne.

Les faits divers sur les criminels relâchés par erreur ou les récidivistes non surveillés abondent. Mais aussi — même si cela ne fait pas pleurer dans les chaumières illuminées par l'écran du JT — les délais des procédures civiles et commerciales sont incompatibles avec la fluidité de la vie économique. Plus d'un an pour faire aboutir des procédures en contrefaçon ou en concurrence déloyale met en péril les entreprises lésées.

La liberté est attaquée, la propriété est bafouée, notre sûreté est devenue par endroit inexistante : comment en revenir à un État réellement protecteur de chacun ?

LA SUBSIDIARITÉ ANTIDOTE L'ULTRACRÉPIDARIANISME

L'État s'occupe de tout — ou presque tout — et de plus en plus mal. Il souffre d'ultracrépidarianisme. Ce mot vient d'une expression latine *Sutor, ne supra crepidam*, qui signifie *Cordonnier, pas plus haut que la chaussure*, ou encore en langage moderne *à chacun son métier, les vaches seront bien gardées*. L'ultracrépidarianisme consiste à avoir un avis sur tout et à vouloir s'occuper de tout.

---

[61] https://www.senat.fr/rap/r16-495/r16-4954.html

À chaque fois qu'on pense que le sommet du ridicule dans l'interventionnisme a été atteint, on se trompe. Ainsi, malgré l'insécurité, l'ensauvagement, l'engorgement de la justice, des finances publiques exsangues, la pire récession économique depuis la Seconde Guerre mondiale, malgré tout cela, malgré un confinement et un reconfinement, l'État nous distribue… des bons de réparation de bicyclette[62]. Youpi, la vie est belle !

Une idée si déjantée méritait de s'épanouir pleinement. Un nouvel amendement à la loi de finances 2021, propose donc un chèque réparation pour les appareils électroniques afin de prolonger leur durée de vie et favoriser l'environnement. On parle de 100 € par foyer. Pour les contribuables anxieux, il y a 29 millions de foyers recensés par l'INSEE, nous parlons donc de presque trois milliards.

J'attends de pied ferme mon bon de ressemelage pour favoriser l'activité des cordonniers et, bien sûr et surtout, pour protéger l'environnement. Ne jamais oublier l'environnement, le climat, solidaire, social et toutes les bêtises passent pour de grandes actions.

En effet, que sommes-nous, misérable vermisseau-contribuable face à la Terre, la Planète, le Climat, l'Environnement ? (Un conseil : une majuscule en début de mot pour que nul n'ignore que vous n'êtes animé que par le désir de servir l'Intérêt Général, le Bien Public et la Solidarité). Faites confiance aux conventions citoyennes et à leurs experts pour vous faire sortir de l'obscurantisme.
Car oui, autre manifestation de l'ultracrépidarianisme, les conventions de citoyens tirés au sort et étroitement cornaqués par des « experts » bien choisis. Après la convention citoyenne pour le climat, une si brillante idée ne pouvait pas ne pas essaimer. Ladite convention mute donc vers le sujet

---

[62] https://coupdepoucevelo.fr/auth/home

de l'alimentation afin de nous « *nourrir en protégeant la terre* ». À quand une convention citoyenne sur l'hygiène corporelle pour nous « *laver en protégeant la terre* » ?

Une véritable démocratie digne de ce nom devrait résolument tourner le dos à ce charlatanisme. Il est urgent en France de revenir aux véritables fondements de la démocratie : le principe de subsidiarité et la démocratie directe.

La subsidiarité consiste à faire prendre les décisions au plus petit niveau possible par ceux qui en supporteront les conséquences. Concrètement, ceci permet la résolution la plus rapide et la plus efficace des problèmes. Si les conséquences sont heureuses, d'autres gens concernés s'inspireront de la solution trouvée. À l'inverse, une mauvaise décision sera vite abandonnée et mourra en déshérence.

La subsidiarité est l'inverse de la centralisation, organisation où les décisions sont prises « en haut », très loin du terrain et jugées valables pour tout le monde. Les États qui appliquent le principe de subsidiarité sont en général des fédérations (Suisse, Allemagne, Canada, États-Unis…). Comme le diagnostic le Professeur Didier Raoult : « l'hypercentralisation amène à amplifier les conneries ».

L'hypercentralisation étouffe la concurrence des idées et donc des solutions possibles.

Dans une organisation décentralisée, pratiquant la subsidiarité, idéalement, chaque citoyen est amené à choisir et à porter une responsabilité politique. Pas seulement une responsabilité politique d'ailleurs, une responsabilité concrète puisqu'il subira les effets (fastes ou néfastes) de ce qui aura été décidé à son niveau.

Dans une petite commune, si le nouvel aménagement de croisement s'avère un échec, les habitants savent très bien où trouver le maire et les conseillers municipaux pour le leur faire savoir. Toutefois, face à une nouvelle directive européenne, savez-vous où trouver votre député européen pour lui dire tout le bien que vous pensez de sa nouvelle bêtise européenne ? Dès que la centralisation des décisions atteint un certain niveau, celui qui a autorité pour décider ne porte plus la responsabilité. Plus personne ne « joue sa peau » au sens de Nassim Taleb.

Pour bien mesurer l'illusion démocratique de la convention citoyenne pour le climat, examinons[63] les 149 propositions dont elle a accouché.

- 58 propositions reposent sur la contrainte (par durcissement des lois ou réglementations existantes et imposition de sanctions)

- 43 propositions représentent une augmentation des impôts et taxes ou de coûts à la charge d'individus ou d'entreprises

- 12 propositions restreignent le droit de propriété, la liberté économique, la liberté de circulation

- 10 propositions recommandent un élargissement du rôle de l'État

123 propositions sur 149, soit 82,5 % sont coercitives et liberticides.

Mais ces honorables citoyens tirés au sort supporteront-ils tous les conséquences de l'application de toutes leurs propositions ? Non, bien sûr. Ils ont probablement un véhicule de tourisme avec un moteur à explosion (mais pas tous, certains sont citadins), ils sont peut-être propriétaires de leur logement (mais pas tous, certains sont locataires), certains travaillent peut-être à l'abri de la concurrence et ne craignent

---

[63] Ce travail a été fait par Didier Picot, auteur de *Vendons les Parisiens* [V] et publié dans *La Semaine du Pays Basque*

pas pour la compétitivité de leur entreprise (ils sont fonctionnaires, intermittents du spectacle), etc.

En revanche, si les propositions de nos citoyens tirés au sort s'avèrent néfastes, ils ne seront pas tenus pour responsables et encore moins pour coupables. Leurs recommandations punitives et liberticides font des victimes anonymes qui sont loin d'eux qu'ils ne rencontreront jamais d'autant plus qu'ils retourneront vite à l'anonymat. La convention citoyenne est en réalité le nouvel artifice que l'État a trouvé pour faire semblant de nous impliquer dans ses décisions, obtenir notre assentiment à son racket.

L'État — loin d'être le garde du corps de chacun, riche ou pauvre, jeune ou vieux, homme ou femme — n'est plus qu'un obèse impuissant que nous alimentons par nos impôts et qui distribue ses faveurs clientélistes. Lui en demander plus revient à nous condamner à l'épuisement.

Pourtant, malgré l'impéritie de plus en plus flagrante des services publics, beaucoup s'obstinent cependant à vouloir demander toujours plus de protections à l'État.

Parce que nous avons peur… Peur de la responsabilité de nos propres actes, peur pour notre sécurité, peur de la concurrence, peur pour notre santé, peur du chômage, peur de la précarité.
Paradoxalement, par le passé ces peurs étaient moins infondées. Nous n'avons pas connu de guerre depuis soixante-quinze ans ; nous vivons de plus en plus vieux ; grâce aux progrès de l'agriculture, nous ne connaissons plus la famine ; la tuberculose ne fait plus de ravage. Aurions-nous peur, tout simplement, de la vie avec tous les risques, responsabilités, peines et joies qu'elle implique ? Dans ce cas, méritons-nous de vivre ?

> « Ceux qui peuvent renoncer à la liberté essentielle pour acheter un peu de sécurité temporaire ne méritent ni la liberté ni la sécurité. »

> Benjamin Franklin

Ce besoin jamais démenti de plus de sécurité et de protection pourrait aussi être une manifestation collective du syndrome de Stockholm. En 1973, cette prise d'otages est devenue célèbre car ravisseurs et victimes avaient sympathisé, ces dernières se méfiant des forces de l'ordre.

Depuis, cette expression décrit un abandon volontaire de son identité par crainte de l'autorité. Ce syndrome apparaît si l'agresseur réunit deux conditions :

- Il doit pouvoir justifier son acte aux yeux de ses victimes
- Il n'a aucun sentiment de haine à l'égard des victimes

Alors, les victimes cherchent à s'attirer la sympathie de l'agresseur croyant ainsi se mettre à l'abri. Parfois, les victimes pensent pouvoir influencer leur agresseur et en fraternisant ont l'illusion qu'elles s'en tireront indemnes.

Dans notre cas, les ravisseurs-agresseurs et les forces de l'ordre sont simplement deux aspects différents de l'État dont nous sommes les victimes implorantes et consentantes.

PRIS EN OTAGE PAR LA BUREAUCRATIE

L'État a bien des visages différents. La police, la justice, l'armée, l'hôpital, l'éducation nationale, la recherche, le fisc…

Certains agents de ces corps sont populaires, d'autres moins. Personnel soignant, instituteurs et enseignants sont en général populaires. Contrôleurs des impôts, policiers, gendarmes, douaniers, etc. plutôt moins.

Mais ce qu'on ne voit pas de premier abord dans ces différents visages de l'État, ou plus précisément corps, c'est la bureaucratie qui les constitue aussi. Ainsi, c'est à la lumière de la crise sanitaire que nous savons que le coût de la bureaucratie de notre système de santé est presque 30 % supérieur à celui de l'Allemagne[64].

Lorsqu'on écoute un énarque, élu, ancien Premier ministre, Édouard Philippe, il est patent que le vrai pouvoir est à la bureaucratie :

> « Comment est-ce qu'on gère une crise sanitaire avec des échelons de décision très dispersés ? »
>
> Édouard Philippe, audition devant la commission d'enquête de l'Assemblée nationale, 21 octobre 2020

Le témoignage d'Édouard Philippe décrit en réalité de multiples administrations aux compétences mal définies et peu coordonnées, enchevêtrées dans un labyrinthe impénétrable. On se croirait dans un programme informatique mal fichu et instable qui « plante ». En tant qu'énarque, Édouard Philippe devrait pourtant se sentir comme un poisson dans l'eau dans ces marigots. Au contraire, il se présente comme victime. Et l'hôpital public n'est pas le seul grand corps malade du cancer bureaucratique de sa direction. Toutes les administrations impliquées dans la lutte contre le terrorisme tombent sous la même critique.

---

[64] *La Tribune* (W) : « Les coûts administratifs de la santé et de l'assurance-maladie en France sont parmi les plus chers au monde : 7 % de la dépense totale de santé contre 5,4 % en Allemagne ».

Finalement, nous sommes pris en étau entre d'un côté la bureaucratie de l'autre les politiciens professionnels (souvent eux-mêmes issus de la bureaucratie ou du fonctionnariat) censés commander à la bureaucratie. Et parmi les politiciens professionnels, il y a les élus et les autres. Les élus ont théoriquement des comptes à rendre à leurs électeurs. La bureaucratie — ou encore l'appareil étatique — est supposée être l'instrument des élus et servir les décisions entérinées par ces derniers. En réalité, en écoutant Édouard Philippe, on constate que la bureaucratie est autonome et ne rend de compte qu'à… elle-même.

Comment en est-on arrivé là ? La réponse est somme toute simple : le nombre, la masse. Dès que la bureaucratie dépasse une certaine taille, elle échappe au contrôle des élus et se dote d'une vie propre. Elle devient alors autonome et les politiciens perdent la main. C'est ainsi qu'en France, quel que soit le parti arrivant aux commandes, le nombre de fonctionnaires augmente[65], la part de l'économie captée par l'État augmente, la taille des codes et réglementations augmente, les réformes qui touchent la fonction publique s'enlisent. La France est le pays d'Europe qui compte le plus de fonctionnaires dont 80 % bénéficient de la sécurité de l'emploi à vie. Plus il existe d'administrations, de bureaux, d'agences, de comités, d'observatoires, de secrétariats d'État… plus il devient facile d'y d'égarer les élus ; plus il y

---

[65] Selon les derniers chiffres de l'Insee datant de décembre 2018, la France comptait 5.525.700 fonctionnaires (hors contrats aidés) soit environ 40 % de plus qu'en 1981. Ce chiffre comprend la fonction publique d'État (FPE ; administration centrale, ministères, enseignement…), territoriale (FPT ; communes, départements, régions) et hospitalière (FPH ; personnel administratif, services médiaux, AP-HP…). Dans le même temps, la population n'a augmenté que de 18 %. La France est le pays d'Europe qui compte le plus de fonctionnaires.

a de fonctionnaires parmi les électeurs, plus les élus ont intérêt à les courtiser.

Aucun retour en arrière ne paraît possible, l'inertie grandit. L'administration, qui emploie 1 personne sur 5, semble imperméable aux gains de productivité. Toutes les promesses électorales de réduction des effectifs de fonctionnaires terminent aux oubliettes tout comme la fin de l'ENA.

Nous sommes tous devenus les otages de cette monstrueuse bureaucratie sur laquelle plus personne ne semble avoir autorité. Personne, y compris un Premier ministre et un Président énarques eux-mêmes, personne même en période d'état d'urgence ou d'état de guerre. Lors du premier confinement, l'exécutif plastronnait sur le fait que nous serions prêts pour la deuxième vague, que les lits de réanimation seraient là, le personnel formé en nombre suffisant.

Rappelons l'enjeu. À moins qu'un vaccin ne soit découvert, le virus *doit* se propager. C'est ainsi que se fait ce qu'on appelle l'immunité collective, considérée comme atteinte lorsque 60 % d'une population a contracté la maladie contagieuse.

Le but du confinement est d'éviter une contagion trop rapide mais pas d'éviter la contagion. Le but est de remplacer un pic de contagion par une bosse, d'aplanir la courbe, pour que les malades ne dépassent pas les capacités de soin. Donc, si les capacités de soins avaient été augmentées comme prévu, le confinement 2 aurait pu être évité et la deuxième vague aurait pu être absorbée. En faisant ce travail, l'État nous protégeait.

Ce travail n'a pas été fait.

> « Hier, nous avons dénombré près de 3 000 personnes en réanimation, soit plus de la moitié des capacités nationales ».

Emmanuel Macron, le jeudi 29 octobre 2020

Par la suite, le discours mentionne 9 000 lits de réanimation mais 12 000 étaient annoncés quelques semaines auparavant par le ministre de la Santé. Même si le niveau arithmétique en France a beaucoup baissé, tout le monde peut calculer que : si 3 000 représentent 50 %, 6 000 représente 100 %[66]. Où sont donc les 12 000 lits ? Qui ment ? Le Président, le ministre de la Santé ?

Le nombre de lits disponibles change en permanence et peut-être même que l'APHP ou les ARS ignore leur véritable nombre. Sans mentionner les fameux 10 000 respirateurs, commandés en avril et aussi introuvables en novembre 2020 que les masques l'étaient en mars. Sans parler de la formation, Emmanuel Macron mentionne 7 000 personnes tandis que les Agences Régionales de Santé ne savent pas de qui le Président parle.

Nous sommes face à des incapables et des menteurs.

Ces gens sont incapables de gérer correctement des masques, du gel, des tests, des formations sur le terrain (car il ne s'agit pas de six ou dix ans d'études de médecine mais de 3 à 5 jours de formation à des techniques particulières de personnel soignant déjà qualifié), des lits de campagne (puisque nous sommes prétendument en guerre, souvenez-vous).

Et vous pensez sans rire que ces gens seront capables de gérer le climat ? Refusons d'être les otages de ces incapables ou de ces impuissants.

---

[66] Selon d'autres sources, il semblerait qu'au printemps 2020 le nombre de lits de réanimation ait été de 5 085 et soit passé à 5 800 à l'automne

CQFF (CE QU'IL FAUDRAIT FAIRE)

Le socialisme est confortable car il laisse croire que l'irresponsabilité est possible tout en donnant bonne conscience. Ce confort obtenu par la démission est probablement une raison du succès de cette idéologie. Avec le socialisme, l'être humain n'a plus besoin d'assumer la responsabilité de ses propres actes, voire de sa propre existence, la « collectivité » et l'État s'en chargent. Bien sûr, ce n'est qu'une illusion.

Les médias subventionnés mais majoritairement aux mains de grands groupes ou des pouvoirs publics — ne nous livrent plus d'information. Ils ne vivent pas de leurs lecteurs ni même intégralement de leurs annonceurs. Nous avons simplement droit à une concurrence de propagandes. Les syndicats, tout comme les partis politiques, sont eux aussi subventionnés et ne vivent plus de leurs adhérents. Nous vivons donc dans une démocratie factice.

Loin d'étouffer de libéralisme, nous étouffons car notre économie est aux mains d'une minorité qui maitrise les circuits de connivence avec le pouvoir.

À chaque fois que nous en demandons plus à la bureaucratie et à nos élus nous faisons fausse route. Il faut au contraire leur en demander moins.

- Moins de justice sociale mais plus d'égalité en droit.

- Moins de protection pour des petits clans ou groupes d'intérêt mais plus de protection pour chaque individu.

L'État n'est ni Dieu, ni un directeur de conscience, ni un instituteur. Il ne doit pas nous dicter ce que nous devons faire ou pas, nous dire quelles opinions sont tolérables et lesquelles ne le sont pas, prétendre que la santé publique n'a pas de prix…

L'État n'est pas notre maître et nous ne sommes ni ses esclaves ni ses serviteurs. Non, l'État — tel qu'il existe aujourd'hui — ne nous protège plus et la bureaucratie est un cancer qui le ronge et nous ronge. Notre pays ne doit pas être un coupe-gorge alors que nous sommes les contribuables les plus taxés au monde. La crise sanitaire a mis en évidence la mauvaise gestion de notre système de santé.

Lors du confinement 2, les autorités ont palabré sur ce qui était des produits essentiels et ce qui ne l'était pas. Elles auraient mieux fait de décider quels ministères, observatoires, bureaux, agences, et autres sont essentiels et lesquels ne le sont pas.

> « Il y a trop de grands hommes dans le monde ; il y a trop de législateurs organisateurs, trop de gens se placent au-dessus de l'humanité pour la régenter, trop de gens font métier de s'occuper d'elle »
>
> Frédéric Bastiat

Nous n'avons pas besoin de ministère :

1. De la culture (qui n'a pas attendu cette officine pour exister et le marché suffit à faire émerger les talents)
2. De la transition écologique (pourquoi prétendre gérer le climat quand on est incapable de gérer l'essentiel ?)
3. De la jeunesse et des sports (les gens sont capables de choisir eux-mêmes leurs activités physiques et les associations, clubs, aptes à les organiser)
4. De l'économie et de la relance (l'activité irait beaucoup mieux sans que l'État s'en mêle. On a vu ce que ça donnait pour les masques, les gels, les

respirateurs et les tests ou avec le « ministère du re-
dressement productif »[67]...)

5. Du travail, de l'emploi et de l'insertion (le chômage
    de masse en France est incrusté ; le chômage des
    jeunes est en progression depuis près de 50 ans. De-
    puis des décennies ce ministère a prouvé son
    inutilité, voire sa nuisance)

6. Des Outre-Mer (en quoi les Français d'Outre-Mer
    ont-ils des droits naturels différents de ceux des
    Français de la Métropole ?)

7. De la cohésion des territoires et des relations avec
    les collectivités territoriales (à quoi servent les pré-
    fets ?)

8. Des solidarités et de la santé (que viennent faire les
    « solidarités » dans la santé publique ?)

9. De la mer (en quoi les eaux territoriales auraient-
    elles besoin d'une administration différente de celle
    du territoire ?)

10. De l'agriculture et de l'alimentation (L'action éta-
    tique en matière agricole consiste principalement à
    ajouter des barrières douanières et des subventions
    qui retombent sur le consommateur et le contri-
    buable)

11. De la recherche et de l'innovation (souvenons-nous
    des plantages du plan calcul, du Concorde, du Mini-
    tel, de l'aérotrain, du plan machine-outil, du procédé
    Secam de télévision, des usines marémotrices, du
    Superphénix...[68] À côté de cela, combien de succès
    planétaires incontestables venus du privé ?)

12. Du ministère de la transformation et de la fonction
    publique car ceux qui ont créé un problème ne sont
    jamais aptes à le résoudre. C'est Einstein qui l'a dit.

Douze ministères non essentiels et les pousse-papier qui
vont avec.

---

[67] Créé en 2012 et attribué à Arnaud Montebourg
[68] Liste non exhaustive que quiconque pourra compléter à loisir

Il est indispensable de revenir au minarchisme, à l'État minimal, pour qu'il protège nos droits naturels : liberté, propriété, résistance à l'oppression. Les droits de tous sans exception, ni privilège, dans la stricte égalité face à la loi. Oui à la liberté, oui à l'égalité de traitement par la loi, oui à la fraternité et non à la solidarité forcée.

Tout a un prix. Le prix de la liberté et de la propriété est la responsabilité. Refuser la responsabilité revient à choisir la servitude et l'esclavage, à se priver de liberté et de propriété. Refuser les risques de la vie, c'est refuser de vivre.

Arrêtons de sacrifier notre liberté et notre propriété pour une sécurité bidon.

> « Détruire la liberté d'agir, c'est détruire la possibilité et par suite la faculté de choisir, de juger, de comparer ; c'est tuer l'intelligence, c'est tuer la pensée, c'est tuer l'homme. »
>
> Frédéric Bastiat, *Harmonies économiques*

POSTFACE DE L'ÉDITEUR

Le pamphlet de Simone Wapler est le premier livre de notre jeune maison d'édition à avoir obtenu un prix littéraire. Et pas n'importe lequel ! Le prix du livre libéral 2021 décerné par l'ALEPS, dont le jury était présidé par Pascal Salin. Jeune étudiant à Dauphine, j'ai eu ce monsieur comme professeur, et je peux affirmer qu'il était un grand littérateur, un amoureux des mots et des idées. Lui et deux autres de ses collègues, Henri Lepage et Bertrand Lemmenicier, hélas disparu récemment au jeune âge de 76 ans, m'ont fait découvrir la passionnante pensée libérale, que Simone Wapler porte sans tabous dans son formidable pamphlet que je lui ai d'ailleurs commandé, car je ne me voyais pas écrire moi-même un texte aussi documenté et aussi puissant. Mais j'avais envie de publier un livre s'intitulant : *Non ! L'État ne nous protège plus !* À partir de là, j'ai laissé carte blanche à Simone et le résultat est plus que probant, comme toujours avec cette auteure.

Pour l'anecdote, le titre l'avait gênée, car elle m'a dit :

« Mais l'État ne nous a jamais protégés ! Pourquoi ne pas titrer : *Non ! L'État ne nous protège pas !* ? »

Je lui ai répondu que c'était un argument marketing. Tant de Français pensent que l'État nous protège ! Le mot « pas » allait prêcher des convaincus par la pensée libérale tandis que le mot « plus » allait à mon sens interpeller davantage de monde. Surtout dans la période actuelle où l'État tente de nous faire croire qu'il nous protège, alors que le questionnement sur cette protection est bien présent dans la population.

Dans la même veine, j'avais commandé, un an plus tôt, un autre pamphlet, *Tu n'iras pas à l'école mon fils*, à Yoann Laurent-Rouault, qui livre à son enfant tout un argumentaire lui expliquant pourquoi il refuse de le soumettre à ce dictat éducationnel fondant les individus dans un moule voulu par l'État, destiné à bien servir ce dernier.

Non ! L'État ne nous protège plus, et peu importe au final de savoir s'il nous a protégés un jour. Comme demain se construit à partir d'aujourd'hui, il est temps que les Français prennent conscience de tout ce qu'écrit Simone Wapler !

Voici, en vidéo, l'interview de l'auteure par mes propres soins, après la remise du prix du livre libéral de l'ALEPS.

Jean-David HADDAD

Annexe
Liste des liens

A - https://lecourrierdesstrateges.fr/2020/04/01/didier-picot-lirre-sponsabilite-des-fonctionnaires-au-coeur-du-naufrage-du-coronavirus/

B - https://www.lemonde.fr/les-decodeurs/article/2017/06/26/quelles-professions-exercent-nos-deputes_5151288_4355770.html

C - https://fr.irefeurope.org/Publications/Etudes-et-Monographies/article/Quand-le-Conseil-constitutionnel-ne-respecte-pas-la-Constitution

D - https://lecourrierdesstrateges.fr/2020/04/09/picot-lirresponsabilite-des-fonctionnaires-est-a-la-fois-source-darrogance-de-deconnexion-et-de-corruption/

E - https://www.economie.gouv.fr/files/files/directions_services/dgfip/Rapport/2017/RA2017_cahierstats_0719.pdf

F - https://www.amazon.fr/Lurgence-climatique-leurre-François-Gervais/dp/2810008515/ref=sr_1_1?__mk_fr_FR=ÅMÅŽÕÑ&dchild=1&keywords=François+Gervais&qid=1602679263&sr=8-1

G - https://www.nature.com/articles/nclimate3004

H - http://ourworldindata.org/co2/country/france?

I - https://lenergeek.com/2020/09/23/urgence-climatique-ecologistes-anti-nucleaires-priorites/

J - https://www.actu-environnement.com/ae/news/delit-environnement-cirme-ecocide-dupond-moretti-35986.php4

K - https://www.francetvinfo.fr/replay-radio/le-brief-eco/le-brief-eco-taxe-dissuasive-sur-les-boissons-sucrees-ca-marche-aux-ctats-unis_3422765.html

L - https://www.lemonde.fr/idees/article/2018/08/03/plus-une-boisson-est-sucree-plus-elle-sera-taxee_5338867_3232.html

M – https://www.legifrance.gouv.fr/affichTexte.do?cidTexte=JORFTEXT000033016237&categorieLien=id

N - https://www.contrepoints.org/2020/08/22/378519-pour-moi-agriculteur-fini-la-betterave

O - https://www.lesechos.fr/politique-societe/societe/neonicotinoides-le-projet-de-loi-du-gouvernement-agite-la-majorite-1247849

P - https://www.leparisien.fr/economie/code-du-travail-un-site-internet-pour-tout-comprendre-en-quelques-clics-16-01-2020-8237877.php

Q - https://www.rtl.fr/actu/economie-consommation/bridgestone-a-t-elle-beneficie-d-aides-particulieres-de-l-etat-7800810483

R - http://www.cgedd.developpement-durable.gouv.fr/prix-immobilier-evolution-1200-a1048.html

S - https://entrepreneurs-pour-la-france.org/Nos-combats/Emploi-et-chomage/article/Logement-et-Emploi-en-France

T - https://www.data.gouv.fr/fr/datasets/crimes-et-delits-enregistres-par-les-services-de-gendarmerie-et-de-police-depuis-2012/

U - https://gbdeclaration.org/la-declaration-de-great-barrington/

V - http://www.vendonslesparisiens.com/

W - https://www.latribune.fr/opinions/trib-unes/20120305trib000686049/depenses-de-sante-et-si-la-france-prenait-exemple-sur-l-allemagne-.html

À découvrir dans la collection Uppercut

Découvrez les autres collections de JDH Éditions

Les Pros de l'Éco
Magnitudes
Drôles de pages
Nouvelles pages
Versus
Les Collectifs de JDH Éditions
Case Blanche
My Feel Good
Romance Addict
Les Atemporels
Quadrato
Baraka

Suivez **JDH Éditions** sur les réseaux sociaux
pour en savoir plus sur les auteurs,
les nouveautés, les projets…

Venez découvrir L'Édredon
La revue littéraire de JDH Éditions